早稲田大学
ビジネススクール教授 西山 茂

ビジネススクールで教えている

会計思考

77の常識

日経BP社

はじめに

　戦略やビジネスモデルは、数字に落とし込んでいかなければ具体的にならない。また、ただの思いつきや絵に描いた餅になってしまう可能性もある。

　では、戦略やビジネスモデルを数字とつなげて考えていけるようになるためには、何が必要なのであろうか。その第一歩は、財務諸表などから読み取れる会計数字と企業活動のつながりを理解し、頭の中でシミュレーションができるようになることである。

　本書は、ビジネスの中で数字を使いこなせるように、ビジネススクールでマネジメントを学ぶ人たちなどに向けて、経営と会計のつながりを解説したものである。経営と会計のつながりを学ぶ題材として、よく言われる「ビジネスの定石」を取り上げ、その死角や注意点も含めて、それが本質的にはどういうことを意味しているのかについて、会計の視点を通してまとめている。

　みなさんもいろいろな「ビジネスの定石」を聞いたことがあると思う。ただ、それぞれの定石が本当に何を意味しているのか、十分に理解できているだろうか?

　また、定石に従えば本当に良い経営ができるかどうか、考えたことがあるだろうか?

　さらには、定石に「死角」があるとすれば、それがどこに潜んでいるか理解できているだろうか?

　本書では「定石通りの経営」で成功している優良企業や、「定石に縛られない経営」によって飛躍した異色企業の財務諸表を読みながら、会計思考の基本を学んでいく。

　ビジネスで成功した人が、会計の数字を読めないということは、まず考えられない。会計の細かいルールは知らなくても押さえるべきポイントは通常は把握している。もし例外があるとしたら、信頼できるパートナーや部下が数字に強く、会計に関することを任せることができたからではないだろうか。

　ビジネスパーソンの目指すところは、企業価値を高めることである。そして企

業価値は財務諸表に集計される数字に表れてくる。だから経営センスと会計センスは表裏一体であり、ビジネスを成功させるために、一定の会計思考の能力が必要なのである。

　では、ここで質問である。

Q-1「良いものをより安く」はビジネスの定石とされるが、この意味と、これを実現するための方策について、会計的に説明しなさい。

　こう質問されたときに、あなたはアルバイトの社員にもわかるように説明できるだろうか?
　まったく見当もつかないようでは、ビジネスで成功することはできないだろう。どうすれば利益を安定的に上げて、ビジネスを持続的に成長させることができるのかを考えるときには、数字による裏付けが必要になるからだ。
　では、会計の数字に強くなるとはどういうことなのだろうか?
　その基本は、企業活動の特徴が表れるポイントとなる数字を押さえて、それをもとに戦略やビジネスモデルを考えていくことである。

　では、ここでもう1つ質問である。

Q-2 いろいろな業種の代表的な企業10社を、最近注目されているある会計指標が高い順に並べると、次のようになる。さて、何の指標をもとに並べているのであろうか?

ソフトバンクグループ（2017年3月期）	39.8%
ファーストリテイリング（2017年8月期）	16.3%
ニトリホールディングス（2017年2月期）	15.2%
カルビー（2017年3月期）	14.5%
ヤオコー（2017年3月期）	13.0%
トヨタ自動車（2017年3月期）	10.2%

任天堂（2017年3月期）	8.2％
信越化学工業（2017年3月期）	8.2％
日立製作所（2017年3月期）	7.8％
セブン＆アイ・ホールディングス（2017年2月期）	4.1％

　ヒントを出そう。本書の原稿を書き上げた後、編集作業の最終段階に入ったところで、2018年3月期の決算が相次いで発表された。2017年の決算での数値と比較して変動が大きかった企業を紹介すると、1位のソフトバンクグループは10社の中ではトップを守ったが、数値は約20％に低下した。逆に、トヨタ自動車、任天堂、信越化学工業、日立製作所、セブン＆アイは数ポイント上昇した。

　さて、この指標は何だろうか。いくつか候補が思い浮かぶ人は、ある程度会計思考ができ、数字も含めたビジネスの動向をかなり把握している人であろう。

　逆に、これが何の指標かまったく見当がつかない人は、ビジネスパーソンとしての基本的な会計思考の能力が弱いかもしれない。企業業績のニュースなどをチェックしていれば、「この指標ではないか？」と思い当たるものがいくつか出てくるはずだからだ（正解はのちほど）。

　会計の数字というのは、読み慣れてくると、ちょっと見ただけで、それが何を意味していてどこが重要なのか、見当がつくようになる。さまざまな指標の一般的な水準や業界別の傾向などが頭に入ってくると、財務諸表からいろいろなことが読み取れるようになる。また、会社の戦略やビジネスモデルの特徴が、会計指標のどこにどう表れているのかを考えるコツがつかめてくる。本書の狙いはそこにある。

　このような点も含めて、本書ではビジネスパーソンとして知っておきたい会計思考のポイントを解説していく。Q-2で挙げた10社を題材にして、ビジネスの定石とその死角や注意点について、会計的な視点から考えていく。

　それでは早速はじめていこう。

会計の基本の確認 ❶
損益計算書（P/L）

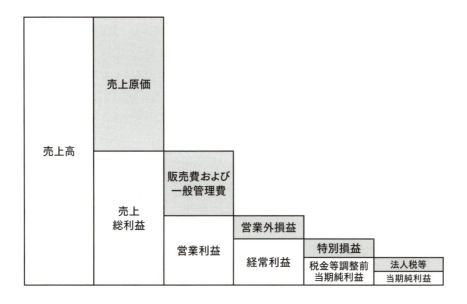

損益計算書は、一定期間に企業がどれだけの売り上げ（収益）を上げ、どれだけの費用がかかり、どれだけの利益を得たのかを集計したもの。企業の一定期間の活動報告書でもある。

売上高（収益） － 費用 ＝ 利益

会計の基本の確認 ❷
貸借対照表（B/S）

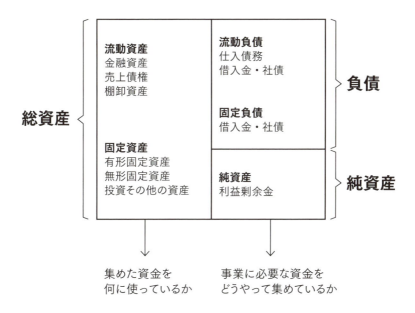

貸借対照表は、企業の元手となった株主のお金（純資産）、借入金や買掛金などの負債、そうした資金の使い道である設備や不動産、売掛金などの総資産を一定のルールに沿って集計したもの。企業の決算日における数字の写真でもある。

純資産 ＋ 負債 ＝ 総資産

金融資産：現金・預金など
売上債権：売掛金など
棚卸資産：商品、製品、仕掛品など
有形固定資産：土地・建物など
無形固定資産：特許など
投資その他の資産：投資有価証券など

会計の基本の確認 ❸

キャッシュフロー計算書

営業活動からのキャッシュフロー	← 本業で儲けた キャッシュフロー
投資活動からのキャッシュフロー	← 事業投資や財務投資に関連する キャッシュフロー
財務活動からのキャッシュフロー	← 資金提供者（株主や債権者）との やり取りに関連するキャッシュフロー
現金及び現金同等物の換算差額 現金及び現金同等物期首残高 現金及び現金同等物期末残高	

キャッシュフロー計算書には、3つのキャッシュフロー、つまり
営業活動からのキャッシュフロー、投資活動からのキャッシュ
フロー、財務活動からのキャッシュフローの動きが集計されて
いる。客観的なものさしであるキャッシュフローをベースにし
た企業の一定期間の活動報告書でもある。

会計の基本の確認 ④
運転資本の回転期間

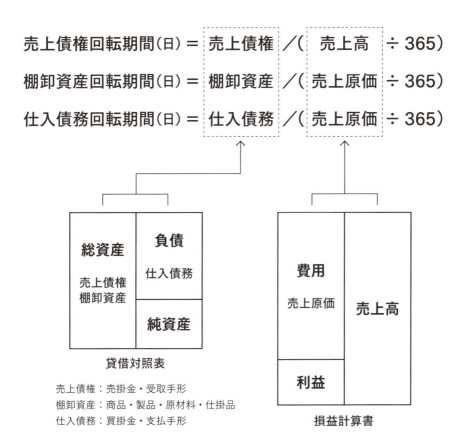

売上債権：売掛金・受取手形
棚卸資産：商品・製品・原材料・仕掛品
仕入債務：買掛金・支払手形

棚卸資産回転期間と仕入債務回転期間の分母は、①1日当たりの売上原価を使う場合と、②1日当たりの売上高を使う場合がある。①は実際の在庫保有日数や仕入債務の支払い日数を把握する場合に適しており、②は売上債権回転期間との関係で、どの程度の運転資本が必要になっているか、あるいはCCC（常識59を参照）を計算するような場合に適している。本書では①で計算したものを使っている。

目次

はじめに ……………………………………………………………………………… 1

第1章 ROE の向上 …………………………… 13

常識1 ROEは「株主にとっての利益率」 …………………………… 15

常識2 デュポンシステムで3つの比率に分解する ………………… 17

常識3 借りた資金を使ってROEを高める方法 …………………… 21

常識4 財務レバレッジを使ったROE上昇の死角 ………………… 23

常識5 ROEは規模や成長とは関係がない …………………………… 24

常識6 業種ごとのリスクの違いによってROEの目標水準は違う … 25

常識7 日本企業のROEが低い理由 …………………………………… 26

常識8 自己資本と純資産の違い ……………………………………… 29

ROEから見るカルビーの快進撃 ……………………………………… 30

カルビーの財務諸表分析 ……………………………………………… 33

第2章 レバレッジ の使い方 …………… 39

ソフトバンクグループに見る株価と格付の違い …………………… 41

常識9 格付は「借りた資金を返せるか」の評価 …………………… 43

常識10 格付のベースとなるポイントは2つ ………………………… 47

常識11 株主は必ずしも高い格付を期待しているわけではない … 48

常識12 高い格付を取るためのコストは高い ………………………… 50

常識13 経済環境や業界によって格付の重要性は違う …………… 51

常識14 「無借金」は安全だがデメリットもある …………………… 53

常識15 資本コストの意味と「株主の期待」の関係 ………………… 55

常識16 資本コストとしてよく使われるWACCの意味と活用法 … 56

常識17	最適資本構成で 借金のメリットとデメリットのバランスを取る	60
常識18	事業内容や業界順位と無借金の関係	61
常識19	借り入れへの依存度と経営者の意識	63

ソフトバンクグループの財務諸表分析 ……… 65

第3章 リスクの抑制 …… 73

任天堂に見るリスクをヘッジする仕組み …… 75

常識20	リスクとは「ブレ」「わからない」こと	77
常識21	「取るべきリスク」は取っていく	78
常識22	固定費の比重が高いと利益のブレが大きくなる	80
常識23	事業分野によるリスクの違いと儲けの基準値	82

任天堂の財務諸表分析 …… 84

第4章 成長の持続 …… 91

持続的成長を続けるヤオコーの経営の秘訣 …… 93

常識24	「価値ある成長」の意味	95
常識25	市場の成長やシェアとの関係で成長スピードを見る	97
常識26	成長を重視しない経営もある	99
常識27	上場公開企業には成長の要求が強まる	101
常識28	急激な成長は急激な衰退につながる可能性がある	102
常識29	成長戦略の実現可能性は高くない	103

ヤオコーの財務諸表分析 …… 104

第5章 「良いものをより安く」の実現 —— 111

ニトリの低価格戦略とそれを支える仕組み —— 113

- 常識30 顧客が求める「良いもの」の水準 —— 114
- 常識31 価格設定の際に考えるべき3つのポイント —— 115
- 常識32 価格の引き下げと利益の維持 —— 117
- 常識33 事業による価格政策の違い —— 120
- 常識34 「より安く」を支える仕組み —— 122
- 常識35 「より安く」の代替案 —— 123

ニトリホールディングスの財務諸表分析 —— 126

第6章 コストの削減 —— 131

信越化学工業のコスト削減を中心とする効率経営 —— 133

- 常識36 守りのコストと攻めのコスト —— 134
- 常識37 攻めのコストを削減する場合の死角 —— 135
- 常識38 効率を重視するところとしないところを区分する —— 137
- 常識39 コスト削減によって 別のコストが上がるトレードオフに注意 —— 139
- 常識40 企業再生におけるコスト削減の重要性とその例外 —— 140
- 常識41 管理会計ツールの活用とその注意点 —— 143

信越化学工業の財務諸表分析 —— 145

第7章 「もったいない」という考え方 —— 151

ファーストリテイリングの本質的な「もったいない」を考えた事業撤退 —— 153

- 常識42 「もったいない」の意味 —— 154
- 常識43 「同じことを（外部を使って）より 少ないコストやモノで」実現する —— 154

常識44	「同じコストやモノでより多くのことを」実現する	157
常識45	既に使ってしまったサンクコストにとらわれてはいけない	158
常識46	使っていない設備や売れない在庫への対応	160
常識47	稼働率を上げることの死角	161
常識48	「売れるだけ売る」ことの死角	163
常識49	シェアードサービスにおける外販の注意点	164

ファーストリテイリングの財務諸表分析 ⋯⋯⋯ 165

第8章 キャッシュフローの重視 ⋯⋯ 171

日立製作所が設定したキャッシュフローベースの財務目標 ⋯⋯ 173

常識50	キャッシュフローは企業活動の客観的なモノサシ	176
常識51	キャッシュフロー計算書と各キャッシュフローの一般的な傾向	177
常識52	営業活動のキャッシュフローに表れる企業の危機	179
常識53	フリーキャッシュフローは株主や債権者への分配原資	181
常識54	事業や企業価値の評価とキャッシュフロー	183
常識55	投資プロジェクトを評価する場合のポイント	185
常識56	NPV法は「現在の価値でいくら儲かるか」で評価する	187
常識57	IRR法は「投資効率の良さ」で評価する	189
常識58	回収期間法は「投資額を回収できる期間」で評価する	191
常識59	運転資本とCCC	192
常識60	運転資本を圧縮する場合の死角	193
常識61	運転資本がマイナスになる事業のメリットと死角	195
常識62	成長期におけるキャッシュフロー	196
常識63	キャッシュフローと「一定期間の儲け」	198
常識64	ROICで資金提供者から見た投資効率を測定する	200

| 常識65 | キャッシュフローでは見えないもの | 201 |

日立製作所の財務諸表分析 … 202

第9章 M&Aとシナジー … 209

セブン&アイ・ホールディングスの事業展開とシナジー … 211

常識66	シナジーとは「+α」をもたらす相乗効果	213
常識67	M&Aにおけるシナジーの源泉	213
常識68	M&Aの中でのシナジーの実現可能性	216
常識69	グローバルなM&Aではシナジー実現のハードルが高い	217
常識70	買収金額を評価するための3つの方法	218
常識71	M&Aのシナジーを評価する方法	220

セブン&アイ・ホールディングスの財務諸表分析 … 222

第10章 「お客様は神様です」という考え方 … 231

トヨタ自動車に見る顧客重視の位置づけ … 233

常識72	「顧客重視」の正しい意味	234
常識73	利益も考えた顧客の要望への適切な対応	236
常識74	シェア拡大のコスト	237
常識75	優良顧客を選別するためのABCの活用	238
常識76	深い意味での「顧客第一」で新しい市場をつくり出す	239
常識77	損益計算書には顧客と他の関係者とのバランスが表れる	240

トヨタ自動車の財務諸表分析 … 242

おわりに … 254

第 1 章

ROE

の向上

第1章 ROEの向上 についての問い

3つのファクターのどこがポイントになるのか？

「はじめに」で出題したQ-2の正解は、「ROE（自己資本利益率）」である。

ROEは、株主が投資している金額に対する儲けの率のことであり、株主からみた企業に対する投資効率を意味している。

株主に株式を保有してもらうためには、ある程度のROEを確保することが必要だ。そのため「ROEの向上」を目標に掲げる企業が増えている。

では、ROEが重視されている理由、またそれを引き上げるためにはどうしたらよいのかについて考えてみよう。

常識 1

ROEは
「株主にとっての利益率」

> ▶ROEは、株主から見た投資効率を表す指標であり、（親会社株主に帰属する）当期純利益を自己資本（純資産とほぼ同じ）で割って計算する。

ROEはReturn On Equityの頭文字である。このうち、Equityは株主が出した資金のことであり、Returnは儲けを意味している。つまり、ROEは、株主が出資した資金（Equity）に対する儲け（Return）の率のことである。

実際には、以下のように計算する。

ROE ＝（親会社株主に帰属する）当期純利益 ÷ 自己資本

ROEの分子は、厳密には「親会社株主に帰属する当期純利益」であるが、簡略化して「当期純利益」と記載することもある。本書の他の箇所でも同様に記載している（分子の利益として「親会社株主に帰属する当期純利益」を使う理由については、常識8を参照のこと）。

分母の自己資本は、貸借対照表に記載されている株主からの資金を表す純資産とほぼ同じものである（常識8を参照）。つまり、株主が企業に対して投資している金額が分母になっているのである。

なお、分母の自己資本として、期首と期末の平均値を使うことも多いが、本書では期末の自己資本をもとに計算する。このため決算短信などに記載されている数字と少し違っている場合もある。

「はじめに」で紹介した10社のROEを、改めてここでまとめて紹介しておこう。

3つのファクターのどこがポイントになるのか？ 15

当期純利益	÷	自己資本	=	ROE

ソフトバンクグループ（2017年3月期）

1兆4,263億円	÷	3兆5,864億円	=	39.8%

ファーストリテイリング（2017年8月期）

1,193億円	÷	7,318億円	=	16.3%

ニトリホールディングス（2017年2月期）

600億円	÷	3,937億円	=	15.2%

カルビー（2017年3月期）

186億円	÷	1,281億円	=	14.5%

ヤオコー（2017年3月期）

99億円	÷	761億円	=	13.0%

トヨタ自動車（2017年3月期）

1兆8,311億円	÷	18兆7億円	=	10.2%

任天堂（2017年3月期）

1,026億円	÷	1兆2,508億円	=	8.2%

信越化学工業（2017年3月期）

1,759億円	÷	2兆1,328億円	=	8.2%

日立製作所（2017年3月期）

2,313億円	÷	2兆9,671億円	=	7.8%

セブン&アイ・ホールディングス（2017年2月期）

968億円 ÷ 2兆3,361億円 ＝ 4.1%

　こうして比べてみると、ソフトバンクグループはROEがとても高いことがわかる。その理由は第2章で詳しく解説する。

常識 2

デュポンシステムで 3つの比率に分解する

> ▶ROEの水準を分析するツールの1つが、ROEを3つの比率の掛け算に分解していくデュポンシステムである。このツールをもとにすると、ROEは売上高当期純利益率、総資産回転率、財務レバレッジの3つに分解できる。

　ROEが高い、あるいは低い理由、またそれを上昇させるための方策などを考えていく場合に、ROEを3つの比率の掛け算に分解して分析していくことが多い。具体的には、売上高と総資産の金額をそれぞれ分母と分子に掛け合わせることで、以下のように、売上高当期純利益率、総資産回転率、財務レバレッジの3つの掛け算に分解していくのだ。

ROE ＝（親会社株主に帰属する）当期純利益 ÷ 自己資本

$$= \frac{当期純利益}{売上高} \times \frac{売上高}{総資産} \times \frac{総資産}{自己資本}$$

＝ 売上高当期純利益率 × 総資産回転率 × 財務レバレッジ

　このようにROEを3つの比率の掛け算に分解したもののことを、デュポンシステム、あるいはデュポンフォーミュラ（計算式）と呼んでいる。デュポンは、火

3つのファクターのどこがポイントになるのか？ 17

薬やダイナマイトから事業を開始した米国の有名な化学会社であるデュポン社（2017年にダウ・ケミカル社と合併し、現在はダウ・デュポン社となっている）のことであり、デュポン社が以前ROEを財務比率として活用していたときに、3つの比率に分解して分析していたことからこのような名前がついている。

この3つの比率のうち、最初の2つは比較的イメージしやすいだろう。

売上高当期純利益率は、売上高に対する最終的な利益の率である。

総資産回転率は、企業がどの程度資産を効率よく活用して売上高に結びつけているか、つまり売上高との関係で見た資産の利用効率を表す比率である。

財務レバレッジは、あまりなじみがないかもしれない。これは、社債や借入金といった借りた資金をどの程度使っているかに関係する比率である。具体的には、借りた資金が多い場合には財務レバレッジは高くなり、逆に借りた資金が少ない場合に財務レバレッジは低くなる。

なぜなら、借りた資金が多い場合は、株主から預かっている自己資本に加えて、借りた資金も使って多額の資産を保有していることになる。その結果、分母の自己資本に比較して分子の総資産が大きくなり、財務レバレッジ（＝総資産／自己資本）は高くなる。

逆に借りた資金が少ない場合は、自己資本でほとんどの資産を保有していることになるため、分母の自己資本に比較して分子の総資産があまり大きくはならない。その結果、財務レバレッジは低くなる。

ここでレバレッジの意味について確認しておこう。レバレッジは、もともとはレバー（てこ）という言葉がベースになっている。つまり、借り入れをどの程度活用しているかに関係する比率のことを「財務のテコをどの程度使っているか」という言葉で表しているのである。

別の言い方で説明すると、ROEは、株主から見た投資効率を評価する比率であるが、株主の立場から考えると、借りた資金は他人の資金であり、その他人の資金を使って事業を行うことは、テコを使って事業を行っているイメージに近い。そこで、そのテコをどの程度使っているかに関係の深いこの比率のことを、財務のテコをどの程度使っているかどうか、ということで財務レバレッジと呼んでいるのである。

図表1-1 ROEとデュポンシステム

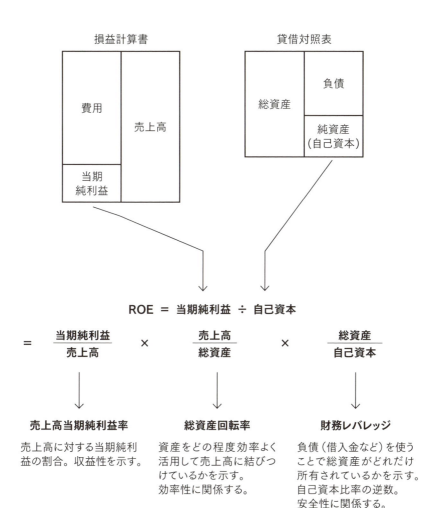

3つのファクターのどこがポイントになるのか？

それでは、先ほどの10社のROEをデュポンシステムで分解してみよう。

ROE ＝ 売上高当期純利益率 × 総資産回転率 × 財務レバレッジ

ソフトバンクグループ（2017年3月期）
39.8% ＝ 16.0% × 36% × 687%

ファーストリテイリング（2017年8月期）
16.3% ＝ 6.4% × 134% × 190%

ニトリホールディングス（2017年2月期）
15.2% ＝ 11.7% × 105% × 124%

カルビー（2017年3月期）
14.5% ＝ 7.4% × 139% × 142%

ヤオコー（2017年3月期）
13.0% ＝ 3.0% × 182% × 236%

トヨタ自動車（2017年3月期）
10.2% ＝ 6.6% × 57% × 271%

任天堂（2017年3月期）
8.2% ＝ 21.0% × 33% × 117%

信越化学（2017年3月期）
8.2% ＝ 14.2% × 47% × 125%

日立製作所（2017年3月期）
7.8% ＝ 2.5% × 95% × 326%

セブン&アイ・ホールディングス（2017年2月期）

| 4.1% | = | 1.7% | × | 106% | × | 236% |

　こうしてみると、それぞれの会社のROEが、3つの比率のどれに左右されているかが見えてくる。ソフトバンクグループは財務レバレッジが高い。任天堂は売上高当期純利益率が高い。ヤオコーは総資産回転率が高い。それぞれの理由については、本書の中で解説していく。

常識 3

借りた資金を使って ROEを高める方法

▶借りた資金は、投資に使うのが常道。株主還元も選択肢としてはあるが、預金しておくだけでは意味がない。

　ROEは、デュポンシステムから考えると、借りた資金を増やし、財務レバレッジを高めることで上昇しそうだ。ただ、その効果は、借りた資金をどう使うのかによって変わってくる。ここでは3つの場合に分けて考えてみよう。

　1つ目は借り入れた資金を使って事業に投資をした場合である。この場合は、自己資本は変化しないが、資産が増えるので、財務レバレッジ（＝総資産／自己資本）は高くなっていく。

　一方でROE自体は、分母の自己資本には変化はないので、当期純利益がどうなるかにかかってくる。これは、借り入れを増やすことによる支払利息の増加と、事業への投資による儲けの増加の関係次第だ。支払利息の増加分が事業の儲けの増加分を上回ると当期純利益は減少してしまい、逆に支払利息の増加分が事業の儲けの増加分を下回ると当期純利益は増加していく。つまり、ROEの上昇は事業の儲け次第になる。

　2つ目は、借り入れた資金を株主に配当や自社株買いで還元した場合だ。

3つのファクターのどこがポイントになるのか？ 21

この場合は、借り入れた資金の分だけ負債が増え、それと同額だけ株主還元によって自己資本が減るので、負債と自己資本の合計、つまり総資産には変化はない。ただ株主還元によって自己資本が減るので、財務レバレッジ（＝総資産／自己資本）は高まっていく。

　一方でROE自体は、事業の状況に変化はない中で、分母の自己資本が減少し、借り入れを増やすことで金利が増えるため当期純利益も減少するが、借り入れの金利が低めであれば、分母の自己資本の減少に比較して分子の当期純利益の減少が小さくなり、ROEは高くなる可能性がある。

　3つ目は、借りた資金をそのまま預金しておく場合である。この場合は、借りた資金と預金が同じだけ増えるので、実際は資金を借りたことになっていない。また、通常は預金の金利よりも借り入れの金利の方が高いことが多い。したがって借り入れをして預金をした場合は、分母の自己資本は変化せず、預金の金利と借り入れの金利の差の分だけ儲けが減ってしまうと、かえってROEは低下してしまう可能性が高い。

　このように、借り入れた資金の使い方のうちROEが上昇する可能性があるのは、1つ目の事業へ投資をした場合と2つ目の株主還元をした場合になる。ただ、この2つのケースは、いずれも借り入れが増え、財務的には弱くなってしまうことには注意が必要だ。

常識 4

財務レバレッジを使った
ROE上昇の死角

> ▶財務レバレッジを使ったROEの上昇は、安全性を必要以上に低下させ
> る可能性がある。ROEの上昇は、事業と関係が深い売上高当期純利
> 益率と資産回転率の上昇を中心に考えることが望ましい。

財務レバレッジを高めると、デュポンシステムからもわかるように理論上ROE
は高くなっていく可能性が高い。つまり、借りた資金を増やせば増やすほど、
基本的にROEが高くなっていく。

それでは、借りた資金を増やしてROEを高めようとすることに問題はないの
であろうか。この場合は、借り入れを増やすことで財務的に弱くなってしまうこ
とに注意が必要になる。

この点は、財務レバレッジ（＝総資産／自己資本）の逆数が、返済の必要
がない株主からの資金がどの程度あるのかを意味し、財務的な安全性を象徴す
る比率の1つでもある自己資本比率（＝自己資本／総資産）であることからも理
解できる。つまり、借りた資金が増えて財務レバレッジが高くなることは、逆に自
己資本比率が低くなり財務的な安全性が低くなることを意味しているのだ。

このように財務レバレッジは適度な範囲であれば高めることは問題ないかもし
れないが、ある一定水準以上に高めることは、あまり望ましくはない。業種によ
る違いもあるが、一般的に自己資本比率が30〜40%程度の場合が多いことか
ら考えると、その逆数である財務レバレッジは、333%（＝100%／30%）〜
250%（＝100%／40%）、つまり300%前後というのが1つの基準と考えられ
る。

こう考えると、ROEの向上を目指す場合は、財務レバレッジにはあまり比重
を置かずに、基本的には最初の2つの比率、つまり売上高当期純利益率と総
資産回転率の上昇を中心に考えることが重要になりそうだ。

3つのファクターのどこがポイントになるのか？ 23

常識 **5**

ROEは規模や成長とは
関係がない

▶ROEは株主から見た投資効率を表すものであり、規模や成長とは基本
的に関係がない。規模の大きさや成長については、別途確認する必要
がある。

　ROEは8%、10%といったパーセントで計算されるものである。パーセント
は、どの程度効率が良いかということを意味しているが、規模の大きさや拡大
とは基本的に関係がない。つまり、ROEが高い企業が、必ずしも規模的に大
きいわけではなく、また売上高の増加など規模的な成長をしているわけでもな
い。したがって、規模の大きさや成長しているかどうかは、売上高や利益など
の金額の大きさや伸びを見ながら追加で確認する必要がある。

　また、逆に、あまりにROEの向上だけを重視すると、投資効率の良い事業
だけを残して、投資効率の良くない事業はすべてやめてしまうことにもつなが
り、規模縮小に向かう可能性もある。このように、ROEは規模の大きさや成長
とは直接関係がないことには注意が必要である。

24　第**1**章 **ROE**の向上

常識 **6**

業種ごとのリスクの違いによって
ROEの目標水準は違う

▶ROEの目標水準は、事業などのリスクの高さによって違ってくる。不確実性やブレを意味するリスクが低い食品業界の企業などではやや低くてもいいが、リスクが高い業界の企業では高い水準を目指すことが必要だ。

ROEの水準は企業によって違う可能性がある。これまで見てきたように、ROEは、株主から見た投資効率を計算したものである。ただ、株主をはじめとする投資家は、投資に対する儲けとして、まずは最低ラインとして誰でも儲けられる金利（一般的には国債の金利）を求め、さらに株式投資にはリスク（不確実性、ブレ、変動）があるので、それに見合う分だけ追加で儲けたい、と考えているはずである。

このうち、誰でも儲けられる金利は、どの企業に投資をする株主にとっても同じ水準になる。ただ、リスクは企業によって違ってくる。

例えば、事業に注目すると、味の素、明治ホールディングス、日本ハムといった食品業界の企業の場合は、多くの人が日々の生活の中で頻繁に継続して購入するものを販売しているため、売上高や利益もかなり安定しており、リスクも低いといえる。

一方で、景気などに左右される傾向が強い半導体業界の企業、例えば半導体製造設備を製造販売している東京エレクトロンなどの場合は、半導体の需要が伸びる少し前には、半導体製造企業の設備投資によって売上高や利益が大きく増加する一方で、半導体の需要が低下する兆候が出てくると、設備投資が少なくなるため、売上高や利益は大きく減少してしまう。したがって、このような事業ではリスクは大きくなる。

そうなると、リスクの低い食品業界の企業の株主と、リスクが高い半導体業界の企業の株主が求めるROEには違いが出てくる可能性がある。つまり、食

3つのファクターのどこがポイントになるのか？　　25

品業界の企業の株主に比べて半導体業界の企業の株主は、より高いROEを求めることになる可能性が高くなる。

　一般に、リスクの面から株主が追加で儲けたいと思っている平均的なレベルは、過去の実績から計算すると、米国では約8％、日本では約6％といわれているが、実際には企業ごとに違いがある。つまり、株主から求められているROEは、平均的には米国で「国債金利＋約8％」、日本で「国債金利＋約6％」といわれているが、この＋約8％、＋約6％の部分が企業ごとにリスクによって違ってくるのだ。

常識 **7**

日本企業のROEが低い理由

▶日本企業のROEの平均は、欧米企業の平均に比較して低い傾向にある。その理由は、主に売上高当期純利益率の低さにあるといわれている。その理由としてはいろいろな点が挙げられているが、低価格競争の激しさが多くの業界で指摘されている。

　日本の上場公開企業のROEの平均は、2014年頃から10％弱の水準が継続している（2018年3月期は約10％）。それに対して、昨今の米国の大手企業の平均は15〜20％、欧州の大手企業の平均は10〜15％程度と言われており、それに比べると日本企業のROEの水準は低い。

　一方で、経済産業省が主導した「持続的成長への競争力とインセンティブ〜企業と投資家の望ましい関係構築」プロジェクトの中で、2014年8月に発表された『伊藤レポート』の中では、日本企業は8％のROEを最低水準として収益力を高めることが提言されている。

　また、株主総会における議決権行使の助言会社であるISS（Institutional Shareholder Services）は2015年から、過去5年間の平均のROEが5％未満

26　第 **1** 章　**ROE** の向上

の場合は、経営トップ（会長および社長）の選任案件について反対を推奨するという基準を設定している。

　こう見ていくと、日本企業のROEの平均は伊藤レポートやISSが提示する基準を上回っている。ただ、これらの基準を下回っている日本企業もそれなりに存在する。このような中で、最低でも5％以上、基本的には8％以上のROEを確保しようという日本企業が増えている。

　それでは、欧米企業の平均ROEに比較して日本企業の平均ROEが低い理由はどこにあるのであろうか。この点は、伊藤レポートの中でも指摘されているが、デュポンシステムをもとにすると、日本企業の売上高当期純利益率の低さが最も大きな理由のようである。

　さらに伊藤レポートの中では、日本企業の売上高当期純利益率が低い理由について、そのプロジェクトへの参加企業のメンバーの多くが指摘したポイントとして、過度な低価格競争が挙げられている。

　また、それ以外にも、一部の企業が挙げたポイントとして、低収益事業から撤退する場合の解雇の困難さ、サプライチェーンの中で自社のみが突出した利益を上げることを是としない風土、長期的な取引関係においてマージンを長期的に均一化する傾向、高い法人実効税率、エネルギーコスト、硬直的な労働規制といった制度・インフラ面での高コスト構造などが挙げられている。

　また、それに加えて、いろいろな企業の人の話を聞いてみると、以下のような点も売上高当期純利益率の低さの一因となっている可能性がありそうだ。

　具体的には、顧客が求める以上の過度な品質や機能の追求、過度なカスタマイズ、商品や製品のライフサイクルの短さ、商品・製品の種類の多さ、事業や製品・商品の選別や撤退についての意思決定の遅さ、ホワイトカラーの生産性の低さ、過度な自前主義といった点である。

　また、ある大手企業の社長が集まる会で日本企業のROEの低さについて議論したときには、事業の効率化を図る際の人の雇用問題をハードルとして挙げる経営トップが多かった。

　さらに、複数の大手企業の中堅幹部との議論の中では、儲けに対するこだわりの弱さ、を指摘する声もあった。

　ただ、いずれにしても企業が将来へ向けて、モノやヒトに対するいろいろな

3つのファクターのどこがポイントになるのか？　27

投資を行い、顧客、従業員、取引先、株主、債権者、国や地方公共団体、社会に対して継続して価値を提供し、さまざまな形での還元を行っていくためには、一定の儲けを確保することが必要になる。その意味で、売上高当期純利益率を高めるにはどうしたらよいのかをしっかりと考え、必要な手を打っていくことが重要であろう。

図表1-2 日本企業の売上高当期純利益率が低い理由

- ☑ 過度な低価格競争
- ☑ 事業や商品の選別や撤退についての意思決定の遅さ
- ☑ 低収益事業から撤退する場合の解雇の困難さ
- ☑ 顧客が求める以上の過度な品質や機能の追求、過度なカスタマイズ
- ☑ 過度な自前主義
- ☑ 商品のライフサイクルの短さ
- ☑ 商品の種類の多さ
- ☑ ホワイトカラーの生産性の低さ
- ☑ 儲けに対するこだわりの弱さ
- ☑ サプライチェーンの中で自社のみが突出した利益を上げることを是としない風土
- ☑ 長期的な取引関係においてマージンを長期的に均一化する傾向
- ☑ 高い法人実効税率
- ☑ エネルギーコストの高さ

常識 **8**

自己資本と純資産の違い

▶ 自己資本と純資産の違いは「非支配持分」と「新株予約権」にある。
ただ、多くの企業ではこの2つの金額は小さく、自己資本と純資産には
大きな違いはない。つまり、ROEを計算するときに、分母を純資産とし
ても大きなズレはない。

　ROEの分母になる自己資本は純資産とほぼ同じと説明したが、ここで自己
資本と純資産の違いについて確認しておこう。前述のように、ROEは、各企
業の株主がその企業に投資した資金に対する投資効率を計算するものであ
る。また、貸借対照表の純資産は、株主がその企業に対して投資している金
額を表している。

　ただ、厳密には、企業グループ（連結ベース）のROEは、そのグループの
中核企業（親会社）の株主の立場から見た投資効率を表すものとして計算す
ることになっている。各企業のグループとしての状況を表す連結貸借対照表の
純資産の中身を見てみると、その中には中核企業の株主が投資したものとは
関係ないものが含まれている。具体的には、中核会社が100％を保有していな
い子会社に対して、外部の株主が保有している権利を意味する非支配持分
（以前は少数株主持分と呼んでいた）と、将来的に株主になる可能性がある
人の権利を意味する新株予約権の2つである。

　この2つは、中核企業の株主が投資している金額とは関係ないので、純資
産から差し引いて、これを自己資本と呼び、ROEの分母としているのだ。

自己資本 ＝ 純資産 － 非支配持分（少数株主持分）－ 新株予約権

　ただ、多くの企業では、非支配持分や新株予約権の金額はあまり大きくはな

3つのファクターのどこがポイントになるのか？ 　29

いことが多い。したがって、純資産を分母としてROEを計算しても、ROEの水準の把握にはあまり問題はない。

次にROEの分子は、株主の取り分につながる利益であり、配当のベースにもなる当期純利益を使っていく。ただ、「親会社株主に帰属する」という言葉が付いているのは、分母の自己資本の場合と同じく、中核企業（親会社）の株主が受け取る当期純利益という意味である。

このように、ROEは、企業グループの中核企業の株主から見た投資効率として計算するのである。

ROEからみるカルビーの快進撃

ここまで述べたように、ROE引き上げの王道は「売上高当期純利益率の向上」である。それを実現することでROEを高めてきた企業の例として、カルビーを見ていこう。

カルビーは、2011年3月の株式上場以降、松本晃会長（2018年3月に退任を発表）のリーダーシップの下で好調な業績を継続している。同社のROEの変化をデュポンシステムで見てみよう。かっぱえびせん、ポテトチップスなどのスナック菓子、またフルグラなどのシリアルで快進撃を継続する様子が数字にどのように表れているのであろうか。

カルビーのROEの変化

ROE ＝ 売上高当期純利益率 × 総資産回転率 × 財務レバレッジ

2012年3月期

9.6% ＝ 　　4.3% 　　× 　157% 　× 　141%

2017年3月期

14.5% ＝ 　　7.4% 　　× 　139% 　× 　142%

これを見るとわかるように、カルビーのROEは、5年間で9.6%から14.5%へと上昇している。デュポンシステムの内訳を見てみると、売上高当期純利益率が上昇している一方で、総資産回転率は若干低下しており、財務的な安全性を表す財務レバレッジはほぼ横ばいとなっている。これから見ると、カルビーのROEの上昇は、やはり売上高当期純利益率の上昇がキーになっている。

　なお、総資産回転率の若干の低下は、好業績の中で現金および預金と有価証券の金額が大きくなったことが主な理由である。実際に事業に使っている資産と売上高とで見た総資産回転率、つまり事業に絞り込んでみた資産効率はあまり変化していない。また、借り入れがほとんどないため、財務レバレッジは低めでほとんど変化はない。

　なお、売上高当期純利益率を中心とした業績向上のベースとなっているカルビーの従来からの強みとして、松本社長は製品の「食感」の良さを挙げている。ただ、以前は食感を中心に良い製品を作ってはいたが、価格が高かった。

　そこで、松本会長は、まず購買コストの引き下げに取り組み、それによって低下した原価をもとに価格を引き下げ、それが販売量の増加や売上高の増加につながっていった。その結果、設備などの稼働率が向上し、固定費の負担が低下することで、利益の大幅な増加が実現したのである。

　また、この業績アップの1つのポイントになった製品として、松本社長はシリアルのフルグラを挙げている。フルグラはもともと「フルーツグラノーラ」という名称で売られており、食感も良く根強いファンはいたものの、売上高は20億円から30億円程度にとどまっていた。これを、まず名称を「フルグラ」へ変更することからはじめ、女性にターゲットを絞り、食事の時間を節約できる「時短」、女性に多い便秘の悩みに効果のある「食物繊維」、女性に多い鉄分不足などによる貧血への効果といった「健康志向」という3つのメッセージを打ち出すことで大幅な売上高の増加が実現し、中国を含め約300億円の売上高を確保する製品となっている。

　このような改善の中で、松本会長は、従業員に方針や目標をわかりやすく伝え彼らのやる気を引き出すこと、またビジネスパーソンがモノゴトをよく考えることの重要性を指摘している。

　さらに、今後の新規事業などについて検討する場合には、「世のため、人の

ためになるか」「儲かるか」という2つの軸で考えることが重要だとも言っている。社会、顧客に役立つことはもちろん重要ではあるが、株式会社の場合は儲けることで、事業の継続や投資、また従業員への給与やインセンティブ、さらには株主への還元や社会への貢献ができる。この儲けもしっかりと意識しているスタンスが、カルビーのROEの上昇に結果として表れているとも言えそうだ。

　それではカルビーと江崎グリコのＲＯＥを比較してみよう。

ROE　＝　売上高当期純利益率　×　総資産回転率　×　財務レバレッジ

カルビー（2017年3月期）
　14.5%　＝　　　　7.4%　　　×　　　139%　　×　　　142%

江崎グリコ（2017年3月期）
　9.4%　＝　　　　5.1%　　　×　　　109%　　×　　　168%

　売上高当期純利益率、総資産回転率の2つはカルビーが高く、一方で借り入れや社債の活用度と関係する財務レバレッジは、カルビーがやや低くなっている。

　カルビーの当期純利益率には、販売費および一般管理費の利用効率の高さなどをもとにした高い収益力が、また高い総資産回転率には、売上の成長力と在庫などの資産効率の良さが、それぞれ表れているといえそうだ。特に、総資産回転率は、江崎グリコが製造業で一般的な100%程度を若干上回る水準であるのに対して、カルビーは140%と、資産の利用効率はかなり高くなっている。

　財務レバレッジは、一般的な水準である300%前後に比較して2社とも低めである。ただ、カルビーがより低く、実質無借金の状態にある2社の中でも財務の安全性がより高いことが表れている。

カルビーの財務諸表分析（2017年3月期）（江崎グリコと比較しながら）

連結損益計算書　　　　　　　　（百万円）

	金額	%
売上高	252,420	100.0
売上原価	140,847	55.8
売上総利益	111,573	44.2
販売費および一般管理費	82,732	32.8
うち研究開発費	2,168	0.9
うち広告宣伝費	2,662	1.1
うち販売促進費	35,023	13.9
うち人件費	14,807	5.9
うち運賃	13,144	5.2
営業利益	28,841	11.4
営業外収益	536	0.2
営業外費用	751	0.3
経常利益	28,625	11.3
特別利益	279	0.1
特別損失	1,204	0.5
税金等調整前当期純利益	27,700	11.0
法人税等	9,095	3.6
当期純利益	18,605	7.4

　カルビーの連結損益計算書を見てみると、売上高は2,524億円（同時期の江崎グリコ3,532億円）と、日本の食品業界の上場公開企業の中で30位程度になるそれなりの規模を確保している。また、売上高総利益率は44.2％（江崎グリコ46.8％）と、製造販売している製品の違いもあり江崎グリコよりもやや低めではあるが、一定の付加価値を確保している。

　売上高営業利益率は11.4％と、5〜10％程度が多い日本の食品メーカーの中では高い水準を確保し、江崎グリコ（6.9％）を上回っている。総利益率がやや低い割に営業利益率がやや高めということは、販売費および一般管理費の比率が低めに抑えられていることを意味している。

　具体的に販売費および一般管理費の内訳を見ると、研究開発費はあまり技

3つのファクターのどこがポイントになるのか？　　33

術革新が激しくない食品業界の特性から売上高の0.9％（江崎グリコ1.6％）と低めであるが、販売関係の費用は一般消費者向けの製品を製造販売しているため、広告宣伝費1.1％（江崎グリコ3.3％）と販売促進費13.9％（江崎グリコ15.4％）の合計で15％とかなりコストをかけている。また、人件費5.9％（江崎グリコ7.9％）、運賃5.2％（江崎グリコ8.6％）にも、一定のコストがかかっている。

　ただ、いずれのコストも江崎グリコに対して売上高に対する比率が低くなっている。実際に販売費および一般管理費全体の売上高比率をみても、江崎グリコの39.9％に対してカルビーは32.8％と低く、カルビーが販売費および一般管理費をよくコントロールし、効率よく使っていることが表れている。

　営業外損益、特別損益は少額で、税金が約30％差し引かれて、当期純利益率は7.4％となっている。

連結貸借対照表

（百万円）

	金額	％		金額	％
流動資産	97,884	53.8	流動負債	37,079	20.4
うち金融資産	52,960	29.1	うち仕入債務	9,668	5.3
うち売上債権	28,600	15.7	うち借入金・社債	1,246	0.7
うち棚卸資産	9,895	5.4	固定負債	9,875	5.4
固定資産	84,126	46.2	うち借入金・社債	308	0.2
有形固定資産	70,835	38.9	負債合計	46,954	25.8
無形固定資産	4,483	2.5	純資産	135,056	74.2
投資その他の資産	8,808	4.8	うち利益剰余金	111,936	61.5
資産合計	182,010	100.0	負債・純資産合計	182,010	100.0

　カルビーの連結貸借対照表を見てみると、流動資産の中の金融資産が資産全体の29.1％（江崎グリコ30.6％）となっているのに対して、借入金・社債は流動負債分と固定負債分を合計しても0.9％（江崎グリコ10.0％）と少なく、実質無借金の状況にある。さらに純資産が74.2％（江崎グリコ61.2％）と、一般事業会社で一般的な30〜40％と比較して非常に高くなっており、財務的な安全性は抜群だ。この財務的な安全性が高い状況は、江崎グリコもほぼ同じである。

　また、資産を見ると、前述のように金融資産が大きいため、流動資産が

53.8%（江崎グリコ52.5%）と半分を超えている。ただ、有形固定資産も38.9%（江崎グリコ27.6%）とそれなりにあり、設備を保有し自ら製造していることが表れている。なお、無形固定資産は2.5%（江崎グリコ1.8%）と小さく、企業買収などはあまり行っていないようだ。この資産の構成も、江崎グリコもほぼ同じ状況となっている。

運転資本の回転期間 （日）

売上債権回転期間	41
棚卸資産回転期間	26
仕入債務回転期間	25

　運転資本を見てみると、売上債権15.7%、棚卸資産5.4%、仕入債務5.3%とそれなりにはあるが、回転期間でみると41日、26日、25日と全体としては短くなっている。江崎グリコの回転期間である38日、54日、57日と比較すると、売上債権回転期間は業界の一般的な回収期間が表れているためかほとんど違いはない。ただ、棚卸資産回転期間と仕入債務回転期間は短く、カルビーの在庫管理の効率の良さと早期支払いの傾向が表れている。

連結キャッシュフロー計算書 （百万円）

営業活動からのキャッシュフロー	25,958	100%
投資活動からのキャッシュフロー	-13,404	-52%
うち有形固定資産・無形固定資産の取得	-9,372	
うち子会社株式の取得	0	
財務活動からのキャッシュフロー	-14,711	-57%
うち配当金の支払い	-5,667	
うち自社株買い	0	
合計	-2,157	

　連結キャッシュフロー計算書を見てみると、営業活動からのキャッシュフロー260億円の約半分を設備投資などの投資活動に使い、残りの約半分を、配当などを中心に財務活動に使っており、安定ステージにある企業の典型的なパターンになっている。

　なお、複数年でみた年平均成長率を意味するCAGR（Compound Average

3つのファクターのどこがポイントになるのか？　35

Growth Rate 累積平均成長率）を5年間の売上高について計算してみると、9.1％となり、同時期の江崎グリコの4.0％と比較しても高い成長率を確保している。前述のROEの5年間の変化のところにあったように、当期純利益率を高めながら、さらに成長していることは、質を伴った成長が実現できていることを意味している。

セグメント情報

（百万円）

	売上高	％	有形固定資産	％
日本	223,441	88.5	51,821	73.2
北米	11,606	4.6	9,032	12.8
中国	1,565	0.6	503	0.7
その他	15,806	6.3	9,477	13.4
合計	252,418	100.0	70,833	100.0

　地域別のセグメント情報を見てみると、日本の売上高比率が88.5％と高く、北米や中国などにも進出しているものの、まだまだ海外を開拓する余地を残している。ただ、この点については、江崎グリコも日本の売上高比率が87.2％と高く、日本の食品メーカーに共通した課題とも言えそうだ。また、地域別の有形固定資産の比率をみると、売上高にある程度連動する形で海外にも有形固定資産を保有しており、物量に比較して価格が低い食品を扱っているため、物流費を圧縮するために製造の現地化がある程度進んでいることが表れている。

参考文献

- 西山茂（2006）『企業分析シナリオ第2版』東洋経済新報社.
- 西山茂（2016）「ROEから考える日本企業の課題」『年報財務管理研究』日本財務管理学会，第27号，pp.106-120.
- 「持続的成長への競争力とインセンティブ〜企業と投資家の望ましい関係構築〜」プロジェクト（伊藤レポート）最終報告書（平成26年8月）（http://www.meti.go.jp/press/2014/08/20140806002/20140806002-2.pdf）
- 2017年版　日本向け議決権行使助言基準（2017年2月1日施行）ISS（https://www.issgovernance.com/file/policy/2017-japan-voting-guidelines-japanese.pdf）
- 「カルビー CEO松本晃氏の経営哲学。成長のコツは、経営者も社員も考えること」Business Reinvention（http://reinvention.jp/741/）
- 有価証券報告書（カルビー（株）、江崎グリコ㈱）
- カルビー（株）ホームページ（http://www.calbee.co.jp/）
- 江崎グリコ㈱ホームページ（https://www.glico.com/jp/）

第2章

レバレッジ

の使い方

第2章 レバレッジ の使い方 についての問い

本当に無借金経営のほうが良いのか？

前章で述べたように、ROEを高める1つのファクターとして財務レバレッジがある。財務レバレッジを高くして積極的な事業展開を続けている企業の代表として、ソフトバンクグループが挙げられる。

財務レバレッジが高いということは、一般に借り入れや社債などの負債に依存した経営をしているということである。それは経営の安定という意味ではマイナスに見えるが、それでも財務レバレッジを高くすることにはどういうメリットがあるのだろうか。ソフトバンクグループを題材にして考えてみよう。

ソフトバンクグループに見る株価と格付の違い

　孫正義氏のリーダーシップの下、ここ数年多額の借り入れも活用しながら米国の携帯事業会社スプリントの買収（2013年9月に実行）、英国の半導体設計会社アームホールディングスの子会社化（2016年7月に実行）など積極的な事業展開をしてきているソフトバンクグループ。活発な事業展開によって、売上高は2013年3月の3兆2,025億円から2017年3月期の8兆9,010億円へと、ここ4年間で約2.8倍に増加したものの、借りている資金の合計は2017年3月時点で14兆8,584億円と、純資産の金額4兆4,697億円の3倍を超えている。

　このような積極策を継続するソフトバンクグループに対する格付会社の評価は必ずしも良くない。実際に、2017年5月10日時点のソフトバンクグループの格付を確認してみると、日本の格付会社である日本格付研究所（JCR）はA-という比較的高い評価をつけているものの、米国のスタンダードプアーズ（S&P）はBB+、ムーディーズはBa1（BB+に相当）という低めの評価になっている（2018年2月7日時点でもいずれの格付も変更なし）。つまり、米国の格付会社の評価をもとに考えると、ソフトバンクグループの事業展開は、借りた資金の返済やその金利の支払にやや懸念を抱かせる、という評価を受けているのである。

　一方で、株主の立場からの評価を表す時価総額（Market Capitalization、マーケットキャップということもある）は、2017年7月21日時点で10兆1,525億円と、日本の上場公開企業の中で4位に位置するほど高い評価となっている。

　この事実は、ソフトバンクグループのように借り入れも辞さずに積極的な投資を行う企業は、格付の視点からはあまり評価されない傾向があるものの、株主の視点からは評価される傾向が強い、ということを意味している。この2つの視点は、重視するポイントが違い、またそのバランスは経済環境や事業の状況に応じても変わってくるが、ソフトバンクグループは、格付の視点よりも株主の視点をより重視した経営をしているといえそうだ。

　なお、同社は2018年2月7日に、グループの中で通信事業を担うソフトバンクの株式を上場する方針を発表した。また2018年4月30日には、米国の携帯

本当に無借金経営のほうが良いのか？　41

事業子会社であるスプリントのTモバイルとの合併（非子会社化）を発表している。これらの施策が実現すれば、財務の安全性がある程度改善してくる可能性は高い。

　では、ソフトバンクグループとNTTドコモのROEをデュポンシステムで比較してみよう。

ROE　＝　売上高当期純利益率　×　総資産回転率　×　財務レバレッジ

ソフトバンクグループ（2017年3月期）
　39.8%　＝　　　　16.0%　　　×　　　36%　　　×　　　687%

NTTドコモ（2017年3月期）
　12.0%　＝　　　　14.2%　　　×　　　62%　　　×　　　135%

　ROEは、2社とも日本の上場企業の平均的なレベルである10.0％程度の水準を上回っており、特にソフトバンクグループは非常に高くなっている。

　デュポンシステムの内訳を見ると、まず売上高当期純利益率は2社ともかなり高くなっている。これは、2社の中核事業である国内の通信サービス事業が、競争が激しいように見えても、au（KDDI）を含めた3社の寡占状況となる中で、高い収益性を確保できていることを意味している。

　またソフトバンクグループは、営業利益率はドコモよりも低いものの、アリババなどの持分法適用会社の業績貢献やアリババやスーパーセルの株式の売却によって当期純利益率はドコモより高くなっており、通信サービス以外の事業や投資の成果がかなり加わっている。

　総資産回転率は2社とも低めであり、特にソフトバンクグループはかなり低い状況にある。これは、中核となる通信サービス事業が、数多くの無線通信設備が必要な設備投資型の事業であること、携帯端末などの販売代金を長期間で回収する仕組みとなっていることなどから、資産が膨らむ傾向があることが理由である。さらにソフトバンクグループの場合は、過去の大きな買収のために無形固定資産がかなり大きくなっていることも影響している。

一方で、財務レバレッジは大きく違っている。一般的な水準である300%前後をベースにすると、ソフトバンクグループはそれを大きく上回っており、一方のドコモは大きく下回っている。これはこれまで見てきたように、大きな買収を借り入れをベースに行ってきたソフトバンクグループと、このところそれほど大きな買収などはせずに、収益性の高い国内通信事業の儲けを積み上げ、財務的な安全性が非常に高くなっているドコモの違いが表れた結果である。これを見ると、ソフトバンクグループはもう少し借り入れを減らしてレバレッジを下げる方向に、またドコモは投資などの資金を借り入れによって調達することでレバレッジを高める方向に動く余地はありそうだ。

　このようにレバレッジが高く、またROEが高く、さらに株主からの評価も高いソフトバンクグループだが、格付は高くない。本章ではその意味を考えてみよう。

常識 9

格付は
「借りた資金を返せるか」の評価

▶ 格付は、企業が借りた資金を返済できるかどうか、またその金利を支払えるかどうかを評価したものである。また、格付が高い会社は「安全だ」ということで借り入れの金利が低くなる傾向がある。

　借入金や社債を使って積極的な投資を行っているソフトバンクグループに対して、格付会社は比較的厳しい評価を付けていた。
　格付は、企業を評価した結果であり、それが高いほうが一般的にはより優良な企業というイメージがある。実際に、日本の代表的な企業であるトヨタ自動

本当に無借金経営のほうが良いのか？　43

車、本田技研工業（ホンダ）、キヤノン、セブン&アイ・ホールディングスなども、日本を代表する格付会社である格付投資情報センター（R&I）からAA+ないしAAといった高い格付を受けている。また、ある外資系の保険会社は、以前、格付の最高ランクである「AAA」を誇るようなコマーシャルを流していた。

　こう見ていくと、高い格付はすべての企業が目指すべきものであり、ソフトバンクグループはその面ではあまり良くないように感じるが、低い格付は問題なのだろうか。また逆に高い格付に課題はないのであろうか。

　格付は、もともとは米国で、19世紀後半から20世紀初頭の西部開拓時代の頃に誕生した。当時、西部へ向けた大陸横断鉄道の建設がいろいろな会社によって行われていたが、そのために必要となる資金は巨額であり、通常鉄道会社だけではカバーすることができなかった。そのため、足りない資金を集めるためにさかんに債券の発行がおこなわれた。

　ただ、そのような会社の中には途中で事業を停止してしまったり、破たんしたりする例もあり、債券を購入して鉄道会社に資金を貸した人の中には大きな損を抱える人も出てきてしまった。そこで、鉄道建設を行うために債券を発行する会社が、本当に信用できる会社かどうかについての評価がほしい、というニーズが出てくる中で、格付というビジネスが出てきたのである。

　つまり、格付とは、その歴史からもわかるように、いろいろな組織や団体が債券を発行して外部から資金を借りる場合に、その借りた資金を予定通り返済できるか、またその金利を予定通り支払えるか、を評価したものである。

　社債を購入する投資家の立場からすると、その企業が借りた資金の元本を返済できるか、その金利をちゃんと支払えるかはとても重要になる。その返済や金利を支払える可能性の高さを評価したものが格付なのである。要は、その企業の社債を買っても大丈夫かどうかを評価したものなのである。

　格付は、それぞれの企業の借りている資金の金利の高さに影響する。具体的には、格付が高い場合は、借りている資金の元本返済や金利の支払いはほぼ確実にできる、と評価されていることになるので、その企業の社債は安全だ、ということで金利は低めになる傾向が強くなる。一方で、格付が低い場合は、借りた資金の元本や金利の支払いができない可能性もある、と評価されていることになるので、その企業の社債は危ない、ということで金利が高くなる

44　第**2**章 **レバレッジ** の使い方

図表2-1 格付の意味

高い格付 低い格付

高い	←	社債・借り入れの返済可能性	→	低い
高い	←	金利の支払い可能性	→	低い
低い	←	金利のレベル	→	高い
高い	←	財務的な安全性	→	低い

図表2-2 発行体格付のランクと意味

AAA	信用力は最も高く、多くの優れた要素がある。
AA	信用力は極めて高く、優れた要素がある。
A	信用力は高く、部分的に優れた要素がある。
BBB	信用力は十分であるが、将来環境が大きく変化する場合、注意すべき要素がある。
BB	信用力は当面問題ないが、将来環境が変化する場合、十分注意すべき要素がある。
B	信用力に問題があり、絶えず注意すべき要素がある。
CCC	信用力に重大な問題があり、金融債務が不履行に陥る懸念が強い。
CC	発行体のすべての金融債務が不履行に陥る懸念が強い。
D	発行体のすべての金融債務が不履行に陥っているとR&Iが判断する格付。

出所：格付投資情報センター（R&I）ホームページ

本当に無借金経営のほうが良いのか？ 45

傾向が強くなる。

　一般に格付の最高ランクはAAA（トリプルエー）である。そのあと、大きな区分では、AA（ダブルエー）、A（シングルエー）、BBB（トリプルビー）、BB（ダブルビー）と続いていく。このうちAAAは1つしかないが、そのあとのAA以下は、例えばAA+（ダブルエープラス）、AA（ダブルエー）、AA-（ダブルエーマイナス）というように、3つに区分されている。

　このような格付のランクのうち、BBB-（トリプルビーマイナス）までが、一定以上の安全度があり、社債の金利や元本の支払いが予定通り行われる可能性が一定レベル以上はある、という評価とされている。一方でBB+（ダブルビープラス）以下になると、金利の支払いや元本の返済に懸念があり、支払われない可能性もそれなりにある、という評価になる。

　つまり、BBB-までの格付であれば資金を貸してもそれほど大きな問題はないが、BB+から下になると資金が戻ってこない可能性もそれなりにあるので、注意が必要になるのだ。このようにBBB-とBB+との間には大きな溝がある。結果として、多くの企業が、格付については最低でもBBB-は維持したいと考えていることが多い。

　格付会社としては、米国のスタンダードアンドプアーズ（Standard and Poors、略してS&Pということもある）、ムーディーズ（Moody's）の2社に、欧州のフィッチ（Fitch）を加えた3社が世界的には有名であり、これら3社は日本の大企業を含めた世界の大手企業の格付を行っている。また、日本にもR&I（格付投資情報センター。日本経済新聞社のグループ会社）とJCR（日本格付研究所）という2つの格付会社があるが、いずれも日本企業の格付を中心に行っているため、世界では前述の3社が有名である。

常識 10

格付のベースとなる
ポイントは2つ

> ▶ 格付を行う際に重視されているポイントは、一般に「借りた資金の返済
> や金利の支払いのベースとなる、事業からのキャッシュフローを生み出
> す力の強さと安定性」「借りている資金の大きさ」の2つに集約される。

格付会社は何をもとに格付を行っているのであろうか。各格付会社は、それ
ぞれ格付を行う場合の基準や方針を設定しており、それらは必ずしも同じでは
ない。ただ、一般に重視しているポイントは以下の2つといわれている。

1つ目は、「貸した資金を返済できるかどうか」という観点から、「返済資金を
生み出すベースとなる事業を中心としたキャッシュフローを生み出す力が、強そ
うか、安定しているか」というポイントである。

このうちキャッシュフローを「生み出す力を強めていく」ためには、事業から
しっかりと儲けていくことが必要になる。

一方でキャッシュフローを「生み出す力の安定性」を高めるためには、いろ
いろな事業を行っている場合には、中でも安定度の高い事業の比率を高めるこ
とが望ましいことになる。逆にいうと、業績などが不安定な事業はあまりやらな
いほうが望ましい。

また、いろいろな事業を抱えていく多角化の方向性も、それぞれの事業の業
績が良い時期と悪い時期のタイミングがずれることがあり、良い業績と悪い業
績とが相殺され、結果として企業全体としての業績が安定する傾向があるの
で、悪くないことになる。

さらに、いろいろな地域で事業を行うことも、それぞれの地域の景気の良い
時期と悪い時期がずれる可能性があるので、やはり良い業績と悪い業績が相
殺され、企業全体としての業績が安定する傾向が出てくる。

つまり、キャッシュフローを安定化させるためには、いろいろな事業をいろい

本当に無借金経営のほうが良いのか?　　47

ろな地域で行うような分散型の事業展開が望ましいことになる。

　格付のポイントの2つ目は、「そもそも、返済しなければならない、借りている資金が多くないか」というポイントである。これは1つ目に比べるとやや重要性は低いようではあるが、借りている資金が少ないほど、元本の返済は簡単になり、金利の支払いも楽になるので、それらを予定通り支払える可能性は高くなっていく。一方で、借りている資金が多くなればなるほど、その元本の返済が大変になるとともに、その金利の支払いのハードルも上がってしまい、それらを予定通り支払える可能性は低くなっていく。

　つまり、この2つのポイントから考えると、格付を高くするためには、事業を中心にキャッシュフローを生み出す力を安定して強くし、また借りている資金を少なくする、という方向が望ましいことになる。

常識11
株主は必ずしも高い格付を期待しているわけではない

▶ 格付のポイントである「キャッシュフローを生み出す力の安定度」と「借りている資金の大きさ」について、格付を高める方向と、株主が好む方向の間にはズレがある。そのため、株主の視点を重視する企業の中には、最上級のAAAではなく、適度なレベル、例えばAを目標にするような例もある。

　格付に関係するポイントを、株主の立場から考えてみよう。

　最初のポイントは「事業を中心としたキャッシュフローを生み出す力が、強そうか、また安定しているか」という点であった。このうち、キャッシュフローを生み出す力の強さについては、それが強ければ儲けがより多く出ることになり、株主にとっても、配当がより多くもらえたり株価が上昇したりする可能性も高くなる

ので、望ましいといえる。

一方で、キャッシュフローを生み出す力の安定度については少し話が違ってくる。つまり株主にとっては、安定度が高いことは必ずしもいいともいいきれないのだ。例えば、安定度はやや低くても、「積極的な投資によって成長している」「将来性がある」といった企業も、株主の立場から見ると将来大きな儲けを生み出す可能性があるので魅力的に見える。

また、業績の安定につながる傾向がある多角化やいろいろな地域での事業展開についても、株主から見ると、特定の事業や地域に絞り込んだほうが強みも磨け、かえって効率も上がり、より効率よく稼げる可能性があるので、逆に事業や地域を絞り込むほうが望ましいといえる。つまり、最初のポイントの中のキャッシュフローの安定度については、格付が高くなる方向性と株主が好む方向性には、ズレがあるのである。

一方で2つ目のポイントである「借りた資金の大きさ」についてはどうであろうか。前述のように、格付を上げるためには、借りた資金の金額を小さくするほうが、元本の返済や金利の支払いを予定通り行える可能性が高くなるので、望ましいことになる。

ただ、株主の立場から考えると、借り入れが少ないことは必ずしもいいとは言えない。借り入れは、金利を支払うことによる節税まで考えると負担が少ない資金である。つまり借り入れが少ないということは、コストが低い資金を活用していないことになり、もったいないという見方が出てくるのである。

このように、2つ目のポイントである「借りた資金の大きさ」についても格付が高くなる方向性と株主が好む方向性には違いがあるのである。

この結果、米国の大手企業の幹部が、「我々はこれからAAAの格付を目指して、財務体質の改善を図っていきます」というコメントを公の場で発表したところ、翌日株価が大幅に下がった、といった話がある。つまり、格付はあくまで「借りた資金の元本や金利を予定通り支払うことができるか」という視点からの評価であり、この視点は成長性や将来性、また儲けを重視する傾向が強い株主の視点からの評価とは違いがあるのだ。

そうなると、格付は適度なレベルに維持することにして、借りた資金の返済や金利の支払いができる状態をある程度確保しながら、株主から見ても魅力

があるように積極的な事業展開をすることも選択肢になってくる。

　つまり、必要に応じて適度な借り入れも行いながら、キャッシュフローの安定度にこだわりすぎずに、将来性、成長性を意識した投資も行っていくといった、格付の視点と株主からの視点のバランスが取れた方向である。そのような視点から、米国企業の中には「格付はAを維持することを目標にしている」という企業もある。要は、あまり安全性を突き詰めるのは、株主の視点を考えると考えものだ、ということであろうか。

　このように、高い格付には、株主の立場からすると安定を重視しすぎており、「成長に対する意識が弱い」「借り入れを使った金利による節税を活用していない」「安全すぎる」といった面で課題がある可能性がある。

常識 **12**
高い格付を取るための
コストは高い

> ▶高い格付を取るためには、安定度を重視した事業展開をするために事業の面で制約を受けたり、また借りた資金を減らすために投資を控え気味にするなど、犠牲にするものが大きくなることがある。

　日本のある大手金融会社の社長が「高い格付、例えばAAAを確保しようとすると、そのコストはかなり高くなる」とコメントしていたのを聞いたことがある。例えばA、あるいはAAといった既にかなり高い格付を取っている企業が、それを最高ランクのAAAまで高めようとすると、安定度を重視した事業展開をするために事業の面でのいろいろな制約を受ける。また借り入れた資金を減らすために投資を控え気味にすることをはじめとして財務面での制約を受ける。つまり、犠牲にするものがかなり大きいのである。

　このように、高い格付を目指すことには犠牲が伴うといった注意点があることも意識しながら、バランスのいい格付を目指していくことも選択肢の1つである。

常識 13

経済環境や業界によって
格付の重要性は違う

▶格付を高めるという視点と、株主の視点のバランスを取ることは重要だ
が、そのバランスは経済環境によって、また業種によっても違う可能性
がある。つまり、経済環境が不安定な場合や、借り入れたり預かったり
している資金が多い金融機関などの場合は格付をより重視し、逆の場
合は株主の視点にやや比重を置くことも選択肢になる。

　格付の視点と株主からの視点のバランスは、経済環境や業界によっても変
わってくる可能性がある。

　まず経済環境については、環境が安定しており、将来の見通しもある程度
立てられるような場合には、借りた資金の元本の返済や金利の支払いの見通し
も立ちやすい。したがって、格付の視点を犠牲にして、株主の視点を重視する
ことが可能になる。

　一方で経済環境が不安定で、将来が不透明で見通しが立ちにくい場合に
は、借りた資金の元本の返済や金利の支払いのベースとなる儲けが不安定に
なる可能性もあるので、格付の視点を重視して、株主の視点を弱めることが望
ましいことになる。

　このように、経済環境に応じて、格付の視点と株主の視点のそれぞれを重視
するバランスを変えることが必要だ。

　次に業種の違いについてはどうであろうか。まず、多額の資金を調達しなけ
ればならない金融業界などでは、その返済や金利の支払いを予定通り行ってい
くことが非常に重要になる。また、支払う金利も多くなるため、少しでも金利を
引き下げることの意味も大きい。そのため、株主の視点と比較して格付の視点
をより重視し、AAAをはじめ、高い格付を維持することが望ましくなる。

　一方で、製造業や小売業といった一般事業会社の場合は、通常それほど

本当に無借金経営のほうが良いのか？　　51

多額の借り入れを行っているわけではないため、その元本の返済や金利の支払いの重要性は極端に大きくはならない。それよりは、安定度を犠牲にしたり、また必要に応じて借り入れを増やすことがあっても、成長するための投資を実行するなど、格付の視点に比較して株主の視点をある程度まで重視しても問題ないことになる。つまり、格付については最高のAAAではなく、A、あるいはBBBといった一定の水準を維持することを目標にすることも考えられるのである。

このように、経済環境や業種によって目指すべき格付には違いが出てくる可能性がある。特に経済環境が良い状況にある場合や、安全であることが特別に重要ではないような業界の企業のケースでは、ＡＡＡをはじめとする特に高い格付を目指すことはかえって望ましくない、といった考え方があることには注意が必要である。

図表2-3 格付と経済環境と業種特性

格付と経済環境

好景気	⟵ ⟶	不景気
やや低めの格付でも問題ない		より高い格付が望ましい

格付と業種特性

安全性が重要な業種 （金融機関など）	⟵ ⟶	必ずしも安全性だけを 重視する必要がない業種 （メーカー、小売業、サービス業など）
高い格付が望ましい		必ずしも最上位の格付を目指す必要はない

常識 14

「無借金」は安全だが デメリットもある

> ▶ 無借金とは、借りた資金がまったくないか、借りた資金を上回る現金や預金などがあることである。また、無借金のメリットは、財務的に安全であることであり、デメリットは金利を支払うことによる節税ができないことである。

前述のように、格付に関係するポイントの1つが借りた資金の多さであった。ここでは、その延長上で、借りた資金がない無借金の意味、そのメリットデメリット、さらには借りることの意味を確認しよう。

まず、無借金の意味から考えてみよう。まず、無借金とは、その言葉通り、借入金や社債といった外部から借りている資金がまったくない状態のことである。また、借りている資金を上回る現金や預金を保有している場合も、いつでも借りている資金を返済できるという意味で、実質的には無借金と考えられている。

それでは、無借金のメリットとデメリットは何であろうか。

まずメリットは多くの人にとっては常識的な話ではないだろうか。借りている資金がないため、返済ができずに会社が破たんすることがない。これは、企業が財務的にとても安全な状況にあることを意味しており、これがまさに無借金のメリットである。

一方で、無借金のデメリットは何だろうか。これは財務に縁のない方はすぐにはイメージできないかもしれない。しかし、財務の考え方によると、無借金には大きなデメリットがある。

ここでは、逆に考えて、借金をすることのメリットを考えてみよう。

まず、借り入れをすると、金利を支払うことになる。金利を支払うと企業の儲けが減り、本来であれば支払わなければならない税金が少なくなる。つまり節税ができるのである。

本当に無借金経営のほうが良いのか? 　53

例えば、借り入れをして金利を100万円支払った場合を考えてみよう。その場合、金利を支払うことによって儲けが100万円減り、仮に企業の儲けに対する税金の率が30％（2018年3月時点では、日本の企業の儲けに対する税率は約30％である。人口規模の大きな先進国の平均は約25％のようである）であるとすると、100万円×30％＝30万円だけ税金が安くなる。

　つまり、借り入れをすると、金利を支払うことによる節税によって30万円のキャッシュが企業に残ることになる。この節税によってキャッシュを手元に残せることが借り入れのメリットなのである。

　なお、このメリットは、儲けが出ていないと活かせない。つまり、儲かっている企業が前提となっている。

　別の視点でこれを説明してみよう。企業が事業から生み出した儲けは誰に分配されていくことになるのだろうか。財務の考え方では、企業が事業から生み出した儲けは、3つの関係者に分配されていくと考えられている。

　まず株主に配当などとして、次に資金を貸している銀行などには金利の支払いや元本の返済として、さらに国や地方公共団体に対しては税金として分配されていく。

　このうち、企業に実際に資金を提供しているのは、株主と資金を貸している銀行などである。それらの、企業に直接資金を出し、深い関係を持っている株主や銀行などの取り分を増やすためにはどうしたらいいのだろうか。

　ズバリ言うと、3番目の関係者である国や地方公共団体に対して支払う税金を減らすことが望ましい。その税金を減らす1つの手段が、借り入れをして金利を支払い、儲けを減らすことなのである。

常識 15

資本コストの意味と「株主の期待」の関係

> ▶資本コストとは、外部から資金を預かるときのコスト、逆に言うと企業に資金を提供している株主や銀行などが求めている儲けの水準のことである。この資本コストの面から考えると、無借金は、金利による節税効果によってコストが低くなる借り入れた資金を使っていないという意味で、もったいないという見方が出てくる。

　無借金は、格付とともに最近話題になることが多い資本コストとも関係がある。資本コストとは、銀行などから借りた資金や株主から出資してもらっている資金のコストのことである。

　そのうち、借りた資金のコストは、借り入れをすると金利を支払う必要があるため、その金利がまさにコストになる。ただ、金利を支払うと先ほど説明したように、企業の儲けが減り節税ができるというメリットがある。この節税というメリットまで含めた金利、つまり（金利 − 節税効果）が借りた資金のコストになる。なお、節税まで考えると借りた資金のコストはかなり低くなる。

　一方で、株主からの資金のコストは、株主が投資することによって期待、あるいは要求している儲けになる。なぜなら、株主が求めているだけの儲けを生み出さなければ、株主は株を売ってしまい、株価が下がってしまう。つまり企業が継続して株価を維持し、さらに高めていくためには、株主の期待、要求に見合う儲けを上げ続け、株主に継続して投資をしてもらう必要がある。その株主からの要求、あるいは期待に見合う儲けを上げ続けることを企業としての義務のように考えて、コストと表現しているのである。

　なお、この株主が求めている儲けは、配当と株価の上昇分の合計になる。

　また、企業が株主から求められている配当を支払い、株主が求めているような株価の上昇を達成するためには、配当や株価の上昇のベースとなる儲け、

本当に無借金経営のほうが良いのか？　　55

つまり当期純利益を、株主が期待、要求しているレベルまで確保する必要がある。この株主が期待、要求している儲け、つまり当期純利益を上げることが、株主から資金を出してもらうときのコストと考えられるのである。

ただ、株主にとっての儲け、つまり配当や株価の上昇は、企業の業績などでかなり変化してしまう可能性がある。したがって、株主は、危なっかしい、リスク（ブレ）のある株式投資をしていることに見合うだけの、より大きな儲けを期待してくると考えられる。つまり、株主から資金を集めると、株主から高めの儲けを期待され、その高めの儲けを確保しなければいけないという意味で、株主からの資金のコストは高くなると考えているのである。

ということは、無借金の場合は、コストが高い株主からの資金だけで事業を運営しているため、より高い儲けを上げなければいけないという意味で負担が重い、ということになる。逆に言うと、資本コストを低くするためには、コストが低い借りた資金をある程度使っていくことが望ましいことになる。

常識16
資本コストとしてよく使われるWACCの意味と活用法

> ▶資本コストは、一般に、借りた資金のコストと株主から預かった資金のコストの加重平均であるWACCとして計算される。その水準は、誰でも儲けられる金利の水準、その企業のリスクの大きさ、コストが低い借りた資金をどの程度活用しているのかによって変化する。また、企業が資金提供者から資金を預かり事業を継続していくためには、資本コストを上回る儲けを確保することが必要になる。

資本コストとして一般的に使われているWACC（Weighted Average Cost of Capital：加重平均資本コスト、ワックと呼ぶことが多い）は、集めている資金の全体としてのコストのことであり、借りた資金（借入金や社債のこと。

DEBTと呼ぶことが多い）のコストと株主からの資金（EQUITYと呼ぶことが多い）のコストをそれぞれ計算し、その2つの加重平均として計算される。

このうち、借りた資金のコストは金利になる。ただ、金利は税金の計算上は費用になり、節税効果があるので、実質的な負担を考えると金利から節税分を引いたもの、つまり金利×（1－税率）が借りた資金のコストになる。

一方で、株主から預かっている資金のコストは、株主が企業に対して期待している儲けになる。ただ、この株主の期待している儲けは、金利とリスクの合計と考えられている。

まず金利は、株主が広く投資先を考えた場合、株式以外に国債を買うという選択肢もある。そこで、国が安全な状況にあるとすると、国債の金利が仮に1％の場合は、国債を買うと毎年確実に1％の儲けを確保することができる。そのような場合、株主は、最低でも誰でも確実に稼ぐことができる国債の金利くらいは、株式投資の儲けとして期待すると考えられる。これが国債の金利がベースになる理由である。

次に、加えるリスクは、株式投資は儲かるか儲からないかわからないといったリスク（不確実性、ブレ、という意味。詳しくは常識20を参照）を取る投資なので、株主はそのリスクを取る分だけ、国債の金利をある程度上回る儲けを期待すると考えられる。これがリスク分を加える理由である。

つまり、株主は最低でも誰でも儲けられるような国債の金利ぐらいは儲けたい、さらにリスクを取る分だけ追加で儲けたいと考えているはずだ、というのがこの考え方である。

この金利とリスクをベースに、株主が期待している儲けの水準を推定するためのよく使われている計算式がCAPM（キャップエム：Capital Asset Pricing Model、資本資産価格モデル）と呼ばれるものである。この計算式は、国債の金利と、過去、株式投資を行いリスクを取ったら、国債の金利をどのくらい上回る追加の儲けが出たのかを意味するマーケットリスクプレミアム（株式市場で見るとどのくらいリスクを取った見返りがあったのか）という2つがベースになっている。さらに、株価のブレの大きさをもとに各企業のリスクを測定し、その違いを反映するベータ値というものがあり、その数値の違いをもとにそれぞれの企業の株主が期待している儲けの水準の違いを調整している。

本当に無借金経営のほうが良いのか？ 57

このようにして計算された、借りた資金のコストと株主の資金のコストを、2つの資金の大きさをもとに加重平均として計算した企業全体の資金のコストのことをWACCと呼んでいる。なお、日本企業の場合はWACCは5％程度から10％弱程度になっている場合が多い。

　なお、このWACCは、国債金利の高さ、事業などのリスクの高さ、借りている資金の大きさによって、そのレベルが変わってくる。これは、国債の金利の高さが資金提供者の儲けの最低限の要求ベースに影響を与え、事業などのリスクの高さが追加で儲けたいレベルに影響を与え、借りている資金の大きさが節税によって通常はコストが低くなる借りている資金の比重に影響を与えるからである。つまり、国債の金利が低い時期に、事業などのリスクが低い状況になっており、さらに借りた資金をかなり使っている場合に、通常はWACCは低めになる。一方で、その逆のケースではWACCは高くなっていく。

　なおWACCは、企業に資金を出している銀行や株主などが期待、要求している儲けのレベルを意味している。そのため、投資プロジェクトの儲けの最低限の要求水準を意味するハードルレート、あるいは、投資プロジェクトを評価する際に、将来のキャッシュフローを現在価値に割り引く時の割引率として使われることになる。

図表2-4 WACCのレベルに影響を与える要因

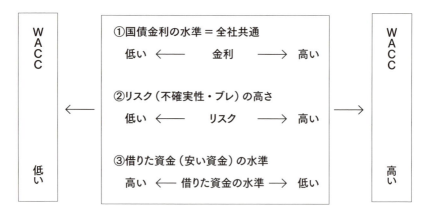

図表2-5 WACC（加重平均資本コスト）のイメージ
　　　　WACC=Weighted Average Cost of Capital

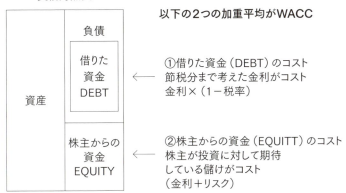

$$\text{WACC} = \frac{D}{D+E} \times I \times (1-t) + \frac{E}{D+E} \times \{Rf + \beta(Rm-Rf)\}$$

D：DEBTの金額　　　　Rf：リスクフリーレート（国債の金利など）
E：EQUITYの金額　　　β：ベータ値
I：DEBTの金利　　　　Rm－Rf：マーケットリスクプレミアム
t：実効税率

本当に無借金経営のほうが良いのか？　59

常識 17

最適資本構成で借金のメリットとデメリットのバランスを取る

▶借り入れをすることで、金利を支払い、利益を減らし、その節税によって手元にキャッシュを残すといった資金を借り入れることのメリットと、財務的な安全性が低くなるといったデメリットのバランスが取れた、借り入れた資金と株主の資金の最適な比率のことを最適資本構成と呼んでいる。

　金利を支払うことで利益を減らし、その節税によってキャッシュを残すという借り入れをすることのメリット、逆に言うと無借金のデメリットを考えると、無借金経営は必ずしもいいとは言えない、という見方が出てくる。そこで、無借金のメリットである、財務的に安全な状態にいられるという点と、デメリットである金利を支払うことによる節税ができなくなる、という点の2つのバランスがちょうど取れるような、適切な借り入れのレベルのことを、借りた資金と株主からの資金の最適な構成比率、という意味で最適資本構成と呼んでいる。

　この最適資本構成という観点から考えると、無借金経営は金利による節税効果を活用していないという意味で、場合によっては課題があるということになる。

図表2-6 最適資本構成のイメージ

貸借対照表

借りた資金と株主からの資金の最適なバランス

資産	負債
	借りた資金 DEBT
	株主からの資金 EQUITY

←　借りた資金のコストは、金利の節税効果を考えると通常は低めである。ただ、通常は返済期限があるため企業にとってはリスクは高い。

←　株主からの資金のコストは、株主が負担しているリスクの分だけより多くの儲けを期待していると考えられるため、通常は高めである。ただ、通常は返済期限がないため、企業にとってはリスクは低い。

常識 18

事業内容や業界順位と無借金の関係

▶ 無借金の意味は事業内容によっても違ってくる。一般に安定度が高く儲かっている企業の場合は、借り入れをする余地があり、無借金はもったいない。一方で、安定度が低くあまり儲かっていない企業の場合は、借り入れは少ないほうがよく、無借金も1つの選択肢になる。つまり、最適資本構成は事業内容によっても違ってくるのだ。また、規模や収益力の面で業界順位が高い企業ほど、事業の儲けで資金が潤沢であり、借り入れが不要となるため、無借金になりやすいという傾向もある。

無借金を目指すことの意味は、企業の事業内容によっても違いがある。

例えば、鉄道会社の場合は、電車や駅、線路といった多くの設備や土地を

本当に無借金経営のほうが良いのか？　61

保有している。設備や土地などは、それを担保に出せば資金も借りられるし、その価値も急激に下がるということはまずない。また、鉄道事業の場合は毎日ほぼ同じような数の顧客が利用するため、売上高や利益はそれほど変動することはなく、事業の安定度も高い。したがって、仮にかなりの資金を借りていても、その金利の支払いや資金の返済に困ることもあまりない。さらに、儲かっている鉄道会社であれば、金利による節税もできるので、借り入れをしてそのメリットを活用できる余地もある。

つまり、設備や土地など価値が安定している資産をかなり保有し、事業も安定しており、儲けが出ているような場合は、それなりの資金を借りていても問題がなく、逆に無借金を目指す必要性はあまりないことになる。実際に、鉄道会社は設備や土地を保有するために多額の借り入れをしている例が多いが、この傾向は事業内容からすると基本的に問題にはならないのだ。

一方で、ヒット性の高いゲーム関連の事業を行っている企業の場合はどうだろうか。一般にゲーム事業は、発売したゲームの当たり外れもあるため、売上高や利益が変動することが多く、事業が不安定になることが多い。さらに、ゲーム会社として成長期にある場合には、借り入れをして金利を支払うことによって節税するだけの儲けもないことが多く、さらにあったとしてもその儲けが安定していない場合も多い。

このように、事業に不安定な傾向があり、儲けがあまり出ていない、あるいは儲けがブレてしまう場合は、借り入れを少なくすることが望ましく、無借金を目指すことの意味が大きくなる。実際に、ゲーム会社は、ゲームの開発には大きな設備は必要ないこともあり、借り入れが少ない場合が多いが、この傾向は事業内容に合致していることになる。

このように、事業内容によって、無借金を目指したほうがよい場合と目指さなくてもよい場合が出てくるのだ。

無借金であるかどうかは、規模や収益力などをベースにした業界順位にも関係しているといわれている。具体的には、同じ業界の企業でも、規模や儲けの水準などの面で業界順位が高い企業は儲けがより多くなる傾向が強く、その儲けで投資資金のかなりの部分をカバーできるので借り入れは少なくてすむ可能性が高い。一方で、業界順位の低い企業の場合は、儲けが少なめになる

傾向が強いため、儲けで投資資金を十分にカバーできず、一部を借りた資金で埋め合わせする必要が出てくる傾向がある。その意味では、無借金、あるいは借りた資金が少ない企業は、業界順位の高い優良企業である可能性が高い、ということもできそうだ。

常識 19
借り入れへの依存度と経営者の意識

▶借り入れがあることは、しっかりと事業を行い儲けなければいけない、といった経営者に対するプレッシャー（規律）につながる面がある。逆に無借金は、経営者の甘えにつながる可能性がある。

株主の立場から考えた借金のメリットがもう1つある。具体的には、企業が資金を借りることは、その企業の経営者に対して、それを返済しなければいけない、また返済できないと破たんするということを意識させ、返済するための資金を確保するためにしっかりと事業で儲けなければいけないというプレッシャー、つまり規律を与えるという点だ。経営者も人間であり、やはり厳しい状況に置かれたほうが必死になる、ということだろう。

要は、株主の立場から考えると、経営者にはしっかりと事業に取り組んでもらいたい。経営者の甘えにつながる可能性がある無借金は好ましくはない、という話である。つまり、無借金経営は、経営者が「何があっても会社は安泰だ」「少しくらい投資に失敗しても大丈夫だ」という意識を持つことにつながり、ともすると甘い経営判断につながる可能性があると考えられているのだ。

もちろん、そのような余裕のある意識を持つことで、結果として良い意思決定や経営ができる場合もある。ただ、株主の立場からすると、経営者にしっかりと経営して儲けてもらうためには、借りた資金をある程度活用して、儲からなければ返済できないというプレッシャーを持ってもらうほうがいい、という見方

本当に無借金経営のほうが良いのか？ 63

が出てくる。

　つまり、無借金経営は、このようなプレッシャーを経営者に与えなくなる、という意味で、株主の立場からは課題があるということもできるのだ。

図表2-7 借り入れのメリットとデメリット

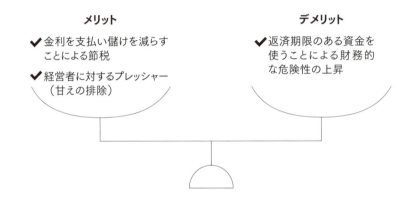

メリット
- 金利を支払い儲けを減らすことによる節税
- 経営者に対するプレッシャー（甘えの排除）

デメリット
- 返済期限のある資金を使うことによる財務的な危険性の上昇

ソフトバンクグループの財務諸表分析（2017年3月期）（NTTドコモと比較しながら）

連結損益計算書 （百万円）

	金額	%
売上収益	8,901,004	100.0
売上原価	5,472,238	61.5
売上総利益	3,428,766	38.5
販売費および一般管理費	2,277,251	25.6
うち研究開発費	64,459	0.7
うち販売促進関係費用	954,998	10.7
うちその他の営業損益	-125,516	-1.4
営業利益	1,025,999	11.5
財務費用	467,311	5.3
持分法による投資利益	321,550	3.6
関連会社株式売却益	238,103	2.7
その他金融費用	413,234	4.6
その他	7,419	0.1
税引前利益	712,526	8.0
法人税等	-207,105	2.3
非継続事業からの純利益	554,799	6.2
非支配株主持分損益	-48,122	-0.5
当期純利益	1,426,308	16.0

　ソフトバンクグループの連結損益計算書を見ると、売上高は8兆9,010億円（NTTドコモ4兆5,846億円）と、海外事業や通信事業以外の事業展開も行っているため、ＮＴＴドコモの約2倍に達し、日本の通信業界の企業の中で最大の規模となっている。

　また、売上高総利益率は38.5％（ドコモ43.5%）と、2社とも通信サービス事業がベースになっているためやや高めとなっている。ソフトバンクグループがドコモよりもやや低めになっているのは、通信事業がほぼ中心となっているドコモに対して、ソフトバンクグループは携帯端末などの物販やヤフーを通じたインターネット広告やeコマース、また2016年9月に買収したアームを通じた半導体設計など、通信サービス以外の事業もかなり抱えていること、米国で通信サービス事業を展開するスプリントの収益性が低いことなどが影響した結果と考えられる。

本当に無借金経営のほうが良いのか？ 65

また、売上高営業利益率も11.5％（ドコモ20.6％）と、一定の儲けは確保しているものの、ドコモよりも低くなっている。これは前述のように、米国のスプリント事業の収益性が低く、また物販がベースとなっている流通事業がセグメント利益ベースで赤字となっていることなどが影響している結果と考えられる。

　次に販売費および一般管理費の内訳を見ると、研究開発費は売上高の0.7％（ドコモ1.8％）と、かなり少なめである。ただ、ソフトバンクグループは、このうちのほとんどが買収したアームの分であり、これが含まれていない2016年3月期ベースで計算してみると、売上高研究開発費比率は0.07％、金額でもドコモの10分の1以下と非常に低くなっている。一方で、販売手数料や販売促進費などの販売促進関連費用は売上高の10.7％とかなり使っている。

　これから考えると、ソフトバンクグループは、アームを除くと研究開発やテクノロジーよりも、営業マーケティングに比重を置いた企業であるといえそうだ。一方で、ドコモは研究開発やテクノロジーもそれなりに重視している傾向が表れている。

　なお、売上高に対する販売費および一般管理費の比率はソフトバンクグループが25.6％であるのに対して、ドコモは22.9％となっており、ソフトバンクグループのほうが2.7ポイント高くなっている。研究開発費が少ないにもかかわらず、これだけ販売管理費が多くなっているということは、事業構成の違いによる影響もあると考えられるものの、一部の事業の収益性の低さ、また販促関係費用などを多めに使っている結果と見ることもできる。

　また、そのあとの項目もかなり大きな金額となっている。財務費用はまず売上高の5.3％となっている。借入金・社債の金利だ。巨額の買収のために借入金・社債をかなり増やしたため、かなりの金額になっている。

　次の持分法投資損益は、そのほとんどが約30％の株式を保有する中国のアリババに関連する利益である。その次の関連会社株式売却益も、アリババの株式の一部を売却したことによる利益である。この2つの利益に孫社長の幅広いネットワークをベースにした投資の成果の一端が表れている。

　一方で、その他金融費用には、株式投資に関連するデリバティブなどの金融費用などが含まれている。

　税引前利益は7,125億円だったが、この期はアリババの持ち株比率の変更

による調整があった関係で、法人税等がマイナス（2,071億円）となっていた。また、子会社であったフィンランドのスマートフォン向けのゲーム会社、スーパーセルを2016年7月に中国のテンセントに売却したことにより、同社の約4か月分の損益を「継続していない事業分」として区分した非継続事業損益に計上している。この金額も、スーパーセルの株式の売却益が含まれているため、約5,500億円と巨額になっている。その結果、当期純利益は営業利益を約4,000億円上回る1兆4,263億円と、売上高比率でも16％（ドコモ14.2％）となり、ドコモを上回っている。

なお、ドコモは営業利益以下の項目は金額が小さく、税金約30％が差し引かれて、それがほぼ当期純利益になっている。

このように、ソフトバンクグループは営業利益以下の項目がプラスマイナスを含めかなり大きいことが特徴である。なおこれらの項目は借入金・社債の多さ、株式投資の成果やそのコストに関連しており、良い方向に行けばかなりの儲けが期待できる反面、リスクも表しているといえそうだ。

連結貸借対照表　　　　　（百万円）

	金額	%		金額	%
流動資産	5,723,975	23.2	流動負債	5,226,923	21.2
うち金融資産	2,977,791	12.1	うち仕入債務	1,460,839	5.9
うち売上債権	2,121,619	8.6	うち借入金・社債	2,694,093	10.9
うち棚卸資産	341,344	1.4	非流動負債	14,937,559	60.6
非流動資産	18,910,237	76.8	うち借入金・社債	12,164,277	49.4
有形固定資産	3,977,254	16.1	負債合計	20,164,482	81.9
無形固定資産	11,122,103	45.1	資本	4,469,730	18.1
投資その他の資産	3,810,880	15.5	うち利益剰余金	2,958,355	12.0
資産合計	24,634,212	100.0	負債・資本合計	24,634,212	100.0

次にソフトバンクグループの連結貸借対照表を見てみると、流動資産の中の金融資産が資産全体の12.1％（ドコモ7.9％）となっているのに対して、借入金・社債は全体で60.3％（ドコモ3.0％）と、実質的にかなりの借り入れをしている状況である。さらに資本（純資産）が18.1％（ドコモ74.6％）と、一般事業会社で一般的な30〜40％と比較すると低い水準にあり、財務的な安全性は比較的低い状況にある。なお、前述のように、現在計画している通信会社の

本当に無借金経営のほうが良いのか？　67

ソフトバンクグループの上場が実現すると、財務的な安全性はある程度回復する可能性はある。

　一方でドコモは、金融資産が借入金・社債を上回っている実質無借金の状況にあり、また純資産比率も非常に高く、貸借対照表から見た実質的な安全性は圧倒的に高くなっている。

　また、ソフトバンクグループの資産を見ると、前述のように金融資産はそれなりにあるが、売上債権が8.6％、棚卸資産が1.4％と比較的小さいため、流動資産は23.2％（ドコモ38.1％）と少なめになっている。また有形固定資産も16.1％（ドコモ34.1％）とやや小さめとなっている。

　一方で、無形固定資産は45.1％（ドコモ11.3％）あり、スプリント、アームなど、巨額の買収を行ってきたことが表れている。なお、流動資産や有形固定資産の比率が低めになっているのは、この無形固定資産が大きいために相対的に比率が小さくなった結果ということもできる。

　一方で、ドコモの資産の構成は、流動資産と有形固定資産がそれぞれ全体の3分の1程度と、一般事業会社の一般的なパターンとなっている。また無形固定資産も2002年の地域会社の完全子会社化に伴うのれんとソフトウエアが中心であり、金額もあまり大きくなく、積極的な買収をしている痕跡はない。

運転資本の回転期間 （日）

売上債権回転期間	87
棚卸資産回転期間	23
仕入債務回転期間	97

　ソフトバンクグループの運転資本を売上債権、棚卸資産、仕入債務の回転期間から見てみると、それぞれ87日、23日、97日と全体としてはやや長めになっている。棚卸資産の回転期間が短いのは、携帯端末や周辺機器などのモノを扱う事業があるものの、中核事業が棚卸資産を保有しない通信サービス事業であることが関係している。一方でドコモのこれらの回転期間は、151日、22日、120日と、棚卸資産を除きいずれもソフトバンクグループよりも長くなっている。

　これは、ソフトバンクグループが海外でも事業展開を行っており、さらに通信

68　第2章 レバレッジ の使い方

サービス以外の事業も行っているのに対して、ドコモが国内の通信サービス事業が中心になっているという事業内容の違いが影響していると考えられそうだ。なお、2社とも売上債権回転期間が長めとなっているのは、携帯端末などの販売金額を長期間にわたって回収するような仕組みが入っているためと考えられる。

連結キャッシュフロー計算書　　　　　　（百万円）

営業活動からのキャッシュフロー	1,500,728	100%
投資活動からのキャッシュフロー	-4,213,597	-281%
うち有形固定資産・無形固定資産の取得	-923,502	
うち子会社株式の取得	-3,254,104	
財務活動からのキャッシュフロー	2,380,746	159%
うち借入金の増減	2,869,679	
うち配当金の支払い	-88,872	
うち自社株買い	-350,857	
合計	-332,123	

　次にソフトバンクグループの連結キャッシュフロー計算書を見ると、営業活動からのキャッシュフローを1兆5,007億円生み出しているが、アームの買収を中心に設備投資などが加わり、その3倍弱の4兆2,136億円を投資活動に使っている。財務活動では、配当と自社株買いも行っているものの、買収資金を調達するために借り入れを約2兆9,000億円増やした結果、合計で2兆3,807億円のプラスとなっている。全体として見ると、M&Aによって投資が非常に大きくなっており、営業活動がプラス、投資活動がマイナス、財務活動がプラスという典型的な成長、拡大ステージにある企業のパターンになっている。

　なお、IFRS（国際財務報告基準）を導入して以降の売上高の4年間の年平均成長率であるCAGRは29.1％と非常に高くなっている。これは、前述のように、この期間の中で、米国のスプリント（2013年7月）、英国のアーム（2016年9月）の子会社化といった巨額のM&Aが行われた結果である。一方で、ドコモの同じ4年間のCAGRは0.6%とほとんど成長していない。やはり、成長という意味では積極的な投資を行っているソフトバンクグループが圧倒している。

本当に無借金経営のほうが良いのか？　69

セグメント情報

(百万円)

	売上高	セグメント利益	セグメント利益率
国内通信事業	3,193,791	719,572	22.5%
スプリント事業	3,623,375	186,423	5.1%
ヤフー事業	853,458	189,819	22.2%
流通事業	1,295,374	-10,047	-0.8%
アーム事業	112,902	12,919	11.4%
その他	128,308	-16,573	-12.9%
調整額	-306,204	-56,114	18.3%
合計	8,901,004	1,025,999	11.5%

	売上高	%	非流動資産	%
日本	4,359,888	49.0	4,072,675	26.6
米国	3,962,325	44.5	7,772,859	50.9
英国	-	-	3,373,592	22.1
その他	578,791	6.5	63,051	0.4
合計	8,901,004	100.0	15,282,177	100.0

　また、セグメント情報を見ると、セグメントごとの売上高は国内通信事業と米国のスプリント事業がそれぞれ約35％、約40％を占め、この2つが中心となっている。一方で、利益の面では、国内通信事業が約70％を生み出し、残りの約30％をスプリント事業とヤフー事業からそれぞれ同程度生み出している。これを見ると、やはり利益の源泉は国内通信事業であることがわかる。

　また海外の売上高比率は51％と、スプリント事業、アーム事業の関係もあり、グローバル化がある程度進んでいることが表れている。

　一方で、ドコモは動画や音楽配信などを行うスマートライフ事業などもあるが、中核となる通信事業が営業収益の80.9％、セグメント営業利益の88.2％を占め、国内の通信事業にかなり依存していることが表れている。また海外の売上高については情報を公開しておらず、国内中心の事業展開をしていると考えられる。

参考文献

・黒沢義孝（1999）『PHP新書「格付け」の経済学』PHP研究所.
・西山茂（2006）『企業分析シナリオ第2版』東洋経済新報社.
・西山茂（2008）『入門ビジネスファイナンス』東洋経済新報社.
・日本格付投資情報センター（1998）『日経文庫　格付けの知識』日本経済新聞社.
・日本格付投資情報センターホームページ（https://www.r-i.co.jp/jpn/company/history.html）（https://www.r-i.co.jp/rating/about/definition.html）
・日本格付研究所ホームページ（https://www.jcr.co.jp/）
・有価証券報告書（ソフトバンクグループ㈱、㈱NTTドコモ）
・ソフトバンクグループ㈱（https://www.softbank.jp/）
・㈱NTTドコモ（https://www.nttdocomo.co.jp/）

第3章

リスク
の抑制

第**3**章 **リスク の抑制** についての問い

事業などのリスクにどう対応したらいいのか？

「リスクを取るな」「リスクはできるだけ抑えろ」など、リスクを取らない、あるいはそれを抑える、低くすることを評価するコメントを聞くことが多い。

確かに、リスクを取らなければ、あるいはリスクが低ければ、あまり危険なことは起こらず、順調な事業運営ができそうだ。実際、リスクが低そうな、社会のインフラや日々の生活に深く関連した事業を行っている企業は、一般的には安定した優良企業というイメージが強い。

こう見ていくと、リスクを取らない、あるいはそれが低いことがよいように感じるが、本当にそれでいいのだろうか。また、リスクにどう対応し、それをどう扱っていくのがよいのだろうか。

任天堂に見るリスクをヘッジする仕組み

ポケモンGOの大ヒット以降、話題になることが多くなった任天堂。DSとWiiの爆発的大ヒットの後の業績不振により、2014年3月期まで3期連続で営業利益の赤字に落ち込んでいたが、ここへきてSwitchの好調などで業績が急回復している。

ただ、過去の任天堂の業績を見てみると、自社のハードやソフトの発売のタイミングや競合企業の動きに合わせて、売上高や利益の大幅な増加と減少を繰り返してきている。その意味では、リスクのある事業を行っている代表的な企業の1社だ。

任天堂の連結業績推移

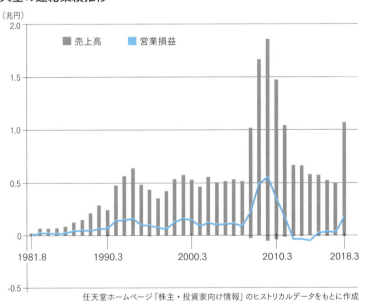

任天堂ホームページ「株主・投資家向け情報」のヒストリカルデータをもとに作成

ただ、任天堂は、新しいソフトやハードの開発や発売ではリスクを取りながらも、別の側面ではリスクを低下させる仕組みをいくつも採用することで、事業を継続してきている。ここでは、任天堂のリスクを低下させる仕組みについて見ていこう。

まず1つ目は、キャラクターを活用したヒットの継続である。任天堂は、スー

パーマリオやポケモンをはじめとする人気のあるキャラクターを活用しているが、これらを使ったゲームを継続して開発し発売する中で、ヒットの確率を高め、売上高の変動を抑え、長期的な売上高の確保につなげている。

2つ目は、ハードについての「枯れた技術」を使ったコスト削減と品質の安定化である。任天堂はもともと電子部品などのメーカーではなく、おもちゃやゲームの企画開発に強みを持つ企業である。ゲーム機を開発する際の技術開発は基本的に外部の企業に依存してきている。そのため、ゲーム機の製造に最先端の技術を使ってしまうと、自社で必ずしもすべてをコントロールできないため、コストがアップしたり、故障が発生する可能性も高くなり、結果としてゲーム機の評判が下がったり、さらにはその対応のためにコストや時間がかかる可能性も出てくる。このようなことを避けるために、一世代前の十分にこなれた技術をベースにハードを設計し、コストの低減や故障を避けることにつなげている。

3つ目は、基本的にハードの製造を外部に依頼することによる、（工場を）持たない経営である。これによって投資額を抑えるとともに、固定費を圧縮し、結果として固定費を外注費という変動費に変えることで、売上高が低下してもその割に利益が低下しないというリスクが低い体制を作り上げている。

4つ目は、借金をせずに多額の資金を保有するという、強い財務の確保である。任天堂は以前から無借金を継続すると同時に絶えず1兆円前後の多額の資金を保有してきている。これによって業績が悪化した時期でも将来に向けた投資ができるという意味で、リスクが大きいゲーム事業の支えとなっている。

同社の社長であった山内溥氏はこのような財務の方針を採用する理由について、「エンターテイメントビジネスはゆとりが必要」と述べている。これは、エンターテイメントビジネスは顧客の好みの読みが難しく、ヒット性も高いというように、リスクが高い傾向があるので、余裕のある財務で支えていくことが望ましい、という趣旨だと思われる。この方針は理にかなっている。

このように、任天堂は取るべきリスクを取りながらも、一方でリスクを回避したり、低下させたり、またリスクを支えるような仕組みを採用している。その意味では、リスクの大きい事業を展開する企業が、リスクをマネージしていく1つのモデルと見ることもできそうだ。

常識20

リスクとは
「ブレ」「わからない」こと

▶ リスクとは、変動すること、ブレること、わからないことを意味しており、日本語では不確実性と訳されることが多い。

　リスクは、「不確実性」「わからない」「変動する」「ブレる」といった意味である。つまり、「変動すること」「ブレがあること」「わからないこと」がリスクの本来の意味になる。

　ただ、多くの人が持っているリスクという言葉から受けるイメージは、少し違ったものではないだろうか。つまり、リスクという言葉は、「失敗」「損失」「事件」といった言葉と一緒に使われることが多いので、リスクとは通常良くないことであり、その良くないことが起こる可能性のことをイメージしている場合が多い。このように、リスクという言葉は、その本来の意味と一般的に持たれているイメージとの間に少し違いがある。

図表3-1 リスクの意味

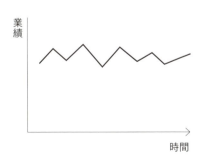

事業などのリスクにどう対応したらいいのか？　77

これを簡単な例で説明しよう。例えば、来年確実に1億円の損失が発生するという状況は、リスクがある状況だろうか。結論からいうと、これはリスクがない状況である。なぜなら、確実に損失が発生するという状況であれば、その事実や金額が変化したりブレたりする可能性はなく、明確だからである。

一方で、来年儲けが出そうであるが、その金額が5億円になるか1億円になるかわからない場合はどうであろうか。これはリスクがある状況になる。なぜなら、儲けが出ることは確実であっても、その金額が5億円になるか1億円になるかわからず、変化する可能性があるからである。

このように、良い方向であるか悪い方向であるかに関係なく、「どうなるかわからない」「変動してしまうかもしれない」といった不確実な状況のことをリスクがある、というのである。

常識21

「取るべきリスク」は取っていく

> ▶リスクには、回避すべきリスクと状況次第で取るべきリスクがあり、それらをしっかりとマネージすることが必要である。

リスクを取らない、あるいはリスクを低くするという方針は、悪い方向のリスクについては適切な1つの選択肢になるかもしれない。

しかし、逆に良い方向のリスクまで含めて考えると、必ずしも適切とは言えない可能性が出てくる。つまり、良い方向のリスクまで含めて考えると、取るべきリスクは取り、そのリスクに見合う以上の儲けを生み出すよう努力することも選択肢の1つと考えられるのである。

その意味では、回避（ヘッジ）すべきリスクと、取るべきリスクとをしっかりと区分し、回避すべきリスクはできるだけ避けるようにし、取るべきリスクは、よく検討し準備をしたうえで取っていくこと、つまりリスクを適切にマネージ（管理）

していくことが重要になる。

　ビジネスのいろいろな場面でも、想定外の経営環境の変化といったリスクは数多く存在している。このようなリスクの中には、企業の存続にかかわるような莫大な損失につながる可能性があるため、回避すべきものもある。

　ただ、よく検討したうえで、保険などを使って一部のリスクを抑制したり、バックアッププランなどを用意したうえであれば、取ってもいいリスクも存在する。逆に、一定のリスクを取らないと、ビジネスで一定の儲けを生み出すことは難しいともいえる。このように、取るべきリスクは取って、リスクを管理しながら一定の儲けを生み出す、という視点も必要である。

　また、過度にリスクを抑えると、リターンも押さえられてしまう。ハイリスク・ハイリターン、ローリスク・ローリターンは、基本的にリスクに見合う儲けしか期待できないといったことを意味している。また、ハイリスク・ハイリターンは、不確実性の高い事業であればあるほど、より高い儲けが出る、あるいは出すべきである、という意味である。

　ということは、必要以上にリスクを抑えてしまうと、例えば、環境や市場の変化に対応できず顧客にとっての魅力も低下し、競合企業との違いも生まれず、結果として小さいリターンしか得られない可能性が高くなる。このように、よく検討したうえで取るリスクであれば、それをどの程度取るのかによってリターンも変わるという視点も持つ必要がある。

事業などのリスクにどう対応したらいいのか？　　79

常識22

固定費の比重が高いと
利益のブレが大きくなる

▶リスクは売上高や営業利益のブレにも表れており、コスト構造上は固定費の比重が高いほうが利益がブレやすくなり、リスクが高くなる傾向がある。また、ファイナンスの考え方では、株主から見たリスクは株価のブレの大きさに表れていると考えている。

　企業のリスクは何に表れているのであろうか。企業の業績をもとに考えると、売上高や営業利益の変動の大きさが企業のリスクの一部を表していると考えられる。

　まず売上高の変動の大きさは、例えば事業が景気変動の影響を受けやすいかどうかが1つのポイントになる。具体的には、食品業界のように定期的にある一定の金額の製品を顧客が購入するような業界の場合は、景気の変動があっても売上高はあまり変動しないので、一般にリスクは低くなる。一方で、ブランドの宝飾品のように景気によって売れ行きが変化するような製品を扱っている場合には、一般にリスクは高くなっていく。

　営業利益の変動の大きさは、売上高の変動の大きさにも影響を受けるが、一方でコスト構造も関係してくる。例えば、コストを売上高の大きさと連動するかどうかで変動費と固定費に分けた場合、一般に固定費の比重が高い事業のほうが利益はブレやすくなる。

　なぜなら、固定費の比重が高い場合は、売上高が増えた場合でもコストはあまり増えないので利益が大きく増加していく。逆に売上高が減少した場合は、コストがあまり減少しないので利益が大きく減少してしまう。つまり売上高が大きく変化したときに営業利益が大きく変動してしまうのである。

　一方で、変動費の比重が高い場合はこれとは逆になる。つまり、売上高が大きく増えても、変動費の比重が高ければコストも大きく増加するために利益は

80　第3章 リスクの抑制

あまり増加せず、売上高が大きく減少した場合は、変動費の比重が高ければコストも大きく減少するため、利益はあまり減少しないことになる。

このように、コストの中で固定費の比重が高い場合は利益がぶれやすくなり、変動費の比重が高い場合は利益がぶれにくくなるという意味で、固定費中心のコスト構造はリスクが高く、変動費中心のコスト構造はリスクが低いことになる。

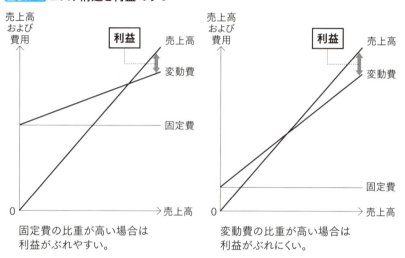

図表3-2 コスト構造と利益のブレ

固定費の比重が高い場合は利益がぶれやすい。　　変動費の比重が高い場合は利益がぶれにくい。

なお、財務の理論では、株主の立場から見たリスクは、株主が日々見ているものが株価であるため、株価のブレに表れている、と考える。つまり、最近はプロの投資家が中心となって株の売り買いが行われており、そのプロの投資家は各企業についてのいろいろな情報を収集しながら株の売り買いをしていると考えられる。したがって、プロの投資家が、特定の企業について、業績のリスクがあると評価すると、それに合わせて激しくその企業の株の売り買いが行われ、株価がブレてくると考えられる。一方で、特定の企業について、それほどリスクがないと評価すると、株価はあまりブレなくなると考えられる。

このように、株主が企業の状況についてしっかりと情報収集しながら株式投

資を行っていくと、特定の企業の全体としてのリスクが、その企業の株価のブレにそのまま映し出されるように表れてくる可能性が高くなってくる。その結果、株価のブレの大きさをもとに企業のリスクを推測していく、という理論が出来上がり、それが使われているのである。

　具体的には、第2章のWACC（常識16）のところでも触れたように、各社の株価のブレの大きさを表しているベータ値というものが、株主から見たリスクを表す数値として使われている。それをもとに、各企業の株主がその企業に対して期待している儲けのレベルである資本コストが計算されているのである。

常識23
事業分野によるリスクの違いと儲けの基準値

> ▶事業分野によってリスクは違うこともある。そのため企業ごとに、また同じ企業グループ内でも事業分野ごとに、儲けの基準値が異なってくる可能性もある。

　先ほど見てきたように、ハイリスク・ハイリターンという言葉の意味は、不確実性が高いビジネスでは、より高い儲けが出る可能性がある、また出さけければいけない、ということであった。また逆に、ローリスク・ローリターンは、不確実性の低いビジネスでは、そこそこの儲けしか出ない可能性が高い、あるいはそこそこの儲けで構わない、という意味であった。

　つまり、事業分野によって業績などの不確実性は異なっているので、事業分野によって儲けのレベルにも違いが出てくることになる。

　例えば、一般にリスクが低い食品業界の企業の場合には、やや低めの儲けでも構わないことになるが、逆に一般にリスクが高いと考えられる半導体関連の事業を行っている企業の場合には、そのリスクに見合うだけのやや高めの儲けが要求されることになる。

82　第3章 リスクの抑制

また、いろいろな分野で事業を行っている企業の場合は、**事業分野ごとにリスクが違うとすると、事業分野ごとに目指すべき儲けの最低限の要求水準（ハ**ドルレート、常識16参照）が異なってくる可能性も出てくる。

　例えば、ある製薬メーカーが、いわゆる病院向けの本格的な製薬の事業と健康食品や栄養ドリンクなどの食品関連の事業を行っている場合を考えてみよう。この場合、製薬事業が新薬開発などの成否や特許期間が切れることでそれなりに業績が変動し、一方で食品事業については需要が安定しているため業績が安定しているとしよう。つまり製薬事業のリスクが高めで、食品事業のリスクが低めであるとする。そうするとこの場合は、リスクに合わせて2つの事業の儲けのハードルレートを変えていくことが望ましいことになる。具体的には、製薬事業の儲けのハードルレートは、食品事業のハードルレートよりも高くすることが望ましいのだ。このように、企業ごと、また同じ企業グループの中での事業ごとにリスクが違う場合には、その違いに応じて基準値を設定することが望ましい。

図表3-3 事業分野別・地域別のハードルレート設定例

事業分野によってリスクが違う可能性がある。
さらに地域によっても、リスクが違う可能性がある。

		A事業	B事業	C事業
	日本	5%	7%	9%
地域	北米	8%	10%	12%
	アジア	10%	13%	15%

事業などのリスクにどう対応したらいいのか？　83

任天堂の財務諸表分析 （2017年3月期）（バンダイナムコホールディングスと比較しながら）

連結損益計算書 （百万円）

	金額	％
売上高	489,095	100.0
売上原価	290,197	59.3
売上総利益	198,898	40.7
販売費および一般管理費	169,535	34.7
うち研究開発費	59,171	12.1
うち広告宣伝費	48,726	10.0
うち人件費	21,253	4.3
うち減価償却費	5,325	1.1
営業利益	29,362	6.0
営業外収益	28,593	5.8
営業外費用	7,591	1.6
経常利益	50,364	10.3
特別利益	64,775	13.2
特別損失	409	0.1
税金等調整前当期純利益	114,730	23.5
法人税等	12,155	2.5
当期純利益	102,574	21.0

　任天堂の連結損益計算書を見てみると、売上高は4,891億円と、ゲーム事業だけで見ると日本最大の規模となっている（ゲーム関連事業が売上高の約60％を占めるバンダイナムコホールディングスの2017年3月期の売上高は6,201億円）。売上高総利益率は40.7％（バンダイナムコ36.1％）と、一般的な事業に比較するとやや高めではあるが、好調なゲームソフト、パッケージソフトの企業では売上高総利益率が約90％に達するような例（グリーは2012年6月期に売上高総利益率91.7％を確保）があることを考えると、任天堂はハードウエアも扱っていることもあり、売上高総利益率は低めとなっている。

　また、売上高営業利益率は6.0％（バンダイナムコ10.2％）と営業赤字に転落していた時期からは回復してはいるものの、まだこの時点ではバンダイナムコよりも低い。DSとWiiの大ヒットで過去最高の1兆8,386億円の売上高を生み出した2009年3月期の売上高営業利益率30.2％と比較すると、まだまだこれ

からである。

　ただ、本書の編集段階で発表された2018年3月期の決算では、Switchと
その関係ソフトの販売好調などに支えられ、売上高営業利益率は16.8％まで
急上昇してきている。これは本格的な業績回復期に入ってきていることを示唆
する同時に、事業のブレの大きさも意味しているといえそうだ。

　また、販売費および一般管理費の内訳を見ると、まず研究開発費を売上高
の12.1％（バンダイナムコ2.9％）と同業界の企業に比較してもかなり投入し
て、ハード、ソフトをはじめ次世代製品の開発を積極的に行っている。また、
一般消費者を対象としたエンターテイメント分野の事業であるため、広告宣伝
費を売上高の10％（バンダイナムコ6.3％）とかなり投入している。

　一方で、販売管理関係の人件費は4.3％（バンダイナムコ7.5％）、販売管
理関係の減価償却費も1.1％と、どちらかというと「守りのコスト」（常識36参
照）は同業他社と比較してもかなり少なめに抑えている。

　なお、営業利益率に比較して経常利益率が高くなっているのは、株式を
32％保有するグループ会社であるポケモンの儲けが、持分法投資利益（グ
ループ会社の当期純利益×持株比率分）として営業外収益に約203億円含ま
れたことが主因である。これには、ポケモンGOの世界的な大ヒットが関係して
いる。

　さらに、当期純利益率が高くなっているのは、保有していた米国のメジャー
リーグ球団であるシアトルマリナーズの持分の一部を売却したことで、特別利益
に投資有価証券売却益645億円が含まれたためである。このような結果とし
て、当期純利益率は21.0％とかなり高くなっている。

連結貸借対照表

(百万円)

	金額	%		金額	%
流動資産	1,140,742	77.7	流動負債	184,109	12.5
うち金融資産	946,070	64.4	うち仕入債務	104,181	7.1
うち売上債権	106,054	7.2	うち借入金・社債	0	0.0
うち棚卸資産	39,129	2.7	固定負債	33,895	2.3
固定資産	328,235	22.3	うち借入金・社債	0	0.0
有形固定資産	86,558	5.9	負債合計	218,005	14.8
無形固定資産	12,825	0.9	純資産	1,250,972	85.2
投資その他の資産	228,851	15.6	うち利益剰余金	1,489,518	101.4
資産合計	1,468,978	100.0	負債・純資産合計	1,468,978	100.0

　次に連結貸借対照表を見てみると、流動資産の中の金融資産が約9,500億円と資産全体の64.4%（バンダイナムコ42.1%）を占め、一方で借入金・社債はまったくない（バンダイナムコもゼロ）、完全な無借金経営となっている。さらに純資産が85.2%（バンダイナムコ71.5%）と、一般事業会社で一般的な30～40%と比較して圧倒的に高い水準にあり、財務的な安全性は抜群である。なお、この財務的な安全性が高い傾向は、その内容も含めバンダイナムコもほぼ同様である。

　売上債権は、問屋や小売店経由で販売している関係で一定金額ある。さらに製造のかなりの部分を外注しているものの、棚卸資産もある程度保有しており、流動資産は77.7%（バンダイナムコ73.3%）とかなり大きくなっている。

　一方で、有形固定資産は5.9%（バンダイナムコ10.7%）とかなり小さい。金融資産が大きいために相対的にかなり小さくなっている面はあるが、製造のかなりの部分を外注しているため、設備が少なくなっている。なお、無形固定資産は0.9%（バンダイナムコ2.0%）と小さく、企業買収などはあまり行っていないようだ。

　また、投資その他の資産は15.6%（14.0%）あるが、この中心は1年以上保有する有価証券を意味する投資有価証券である。その中には余剰資金として社債や国債などを保有している分もある程度入っているようであり、これを前述の金融資産に加えると、合計で1兆円を超える資金を保有していそうだ。

　この資産の構造は、バンダイナムコも製品の製造を外部委託しているために

有形固定資産が少ないことを含め、ほぼ同じとなっている。

　なお、任天堂は純資産の金額よりもそれに含まれる利益剰余金の金額のほうが大きくなっているが、その理由は、過去に儲けをかなり積み上げてきていることと同時に、自社株買いの結果として、自社株式を購入金額ベースで約2,500億円保有しているためである。

運転資本の回転期間　　　（日）

売上債権回転期間	79
棚卸資産回転期間	49
仕入債務回転期間	131

　また、運転資本を見てみると、売上債権7.2%、棚卸資産2.7%、仕入債務7.1%と棚卸資産は比較的少なめである。また回転期間で見ると、それぞれ79日、49日、131日とある程度の期間はある。ただし、CCC（キャッシュ・コンバージョン・サイクル、常識59参照）の視点から考えると、売上債権回転期間と棚卸資産回転期間の合計が仕入債務回転期間とほぼ見合っており、事業運営の中で資金的な負担があまりない状況となっている。さらにバンダイナムコの回転期間、44日、43日、59日と比較すると、任天堂は、回収が若干長いものの、支払日数がかなり遅いことが資金的な余裕につながっている。

連結キャッシュフロー計算書　　　（百万円）

営業活動からのキャッシュフロー	19,101	100%
投資活動からのキャッシュフロー	69,518	364%
うち有形および無形固定資産の取得による支出	-10,458	
うち子会社株式の取得	0	
財務活動からのキャッシュフロー	-14,435	-76%
うち配当金の支払い	-14,384	
うち自社株買い	-38	
合計	74,184	

　連結キャッシュフロー計算書を見ると、2017年3月期は、営業活動からのキャッシュフローは191億円のプラスとなっており、投資活動のキャッシュフローも695億円のプラスとなっている。ただ、投資活動のプラスは、有価証券や投

事業などのリスクにどう対応したらいいのか？　87

資有価証券の売却によるものであり、その中心は、前述のシアトルマリナーズ球団の持分の一部を売却したことによるものである。一方で、事業に関係する実質的な投資を意味する、有形および無形固定資産の取得による支出は105億円と、営業活動のキャッシュフローの約50%を使っている状況だ。

財務活動では、ほぼ配当を中心に144億円を使っている。

このように、投資活動の中を少し詳しく見て、特別な事象である株式の売却部分を除いてみると、実質的には典型的な安定期のパターンと言えそうだ。ただ、業績回復のステージでも投資活動が少ないのは、前述のように外注を使った「持たない経営」の表れと考えられる。

セグメント情報　　　　　　　　　　　　　　（百万円）

	売上高	%	有形固定資産	%
日本	130,014	26.6	64,195	74.2
米国	174,093	35.6	21,576	24.9
米大陸（除北米）	29,861	6.1	?	?
欧州	129,455	26.5	?	?
その他	25,671	5.2	787	0.9
合計	489,094	100.0	86,558	100.0

2017年3月期までの売上高の5年間の年平均成長率であるCAGRは-5.5%とマイナスになっており、同時期のバンダイナムコのCAGR6.4%と比較するとあまり良くない。これは、事業のほぼすべてが変動の大きなゲーム関連事業であるため止むを得ない面もある。ただ、2018年3月期は、Switchの好調な販売によって売上高が前年比で2倍以上となる115.8%の増加となっており、この数字をベースに売上高の6年間のCAGRを計算すると、8.5%と大きく改善している。

任天堂はセグメント情報については、地域別の売上高と有形固定資産しか情報公開していないが、日本の売上高が約25%、海外が米国、欧州を中心に約75%となっており、バンダイナムコの海外売上高比率26.7%と比較すると、かなりグローバル展開が進んでいる。ただ、地域別の有形固定資産を見てみると、日本が約75%、米国が約25%と設備の拠点は日本中心となっている。

では、任天堂とバンダイナムコのROEを比較してみよう。

ROE ＝ 売上高当期純利益率 × 総資産回転率 × 財務レバレッジ

任天堂（2017年3月期）
8.2% ＝ 21.0% × 33% × 117%

バンダイナムコ（2017年3月期）
12.7% ＝ 7.1% × 127% × 140%

　これを見ると、任天堂のROEは日本企業の平均的な水準となっているのに対して、バンダイナムコはやや高くなっている。

　ただ、売上高当期純利益率を見ると、任天堂はバンダイナムコの7.2%の約3倍となる21％を確保しており、かなり高くなっている。これは、営業利益率は6.0％とバンダイナムコの10.2%よりも低いものの、前述したポケモンなどの持分法投資利益、シアトルマリナーズ球団の持分の一部売却がかなり貢献した結果である。ただ、このうち球団の持分の売却益は一時的なものであり、事業の実力という意味では、少し低めに見ておく必要がありそうだ。

　総資産回転率は、任天堂が33%と、バンダイナムコの127%と比較すると圧倒的に低い。ただ、これは、金融資産が64.4%と資産の大部分を占め、さらに投資有価証券にも金融資産が一部含まれていると推定されることを考えると、資産の約70%近くが金融資産となっている結果だ。この金融資産を除いた実質的に事業に直接関係する資産をベースにした総資産回転率を計算すると100%程度となり、これが実力という見方もできる。一方で、バンダイナムコも資産の40％強が金融資産であるものの、外部への生産委託などによって有形固定資産が圧縮されていることもあり、やや高めの総資産回転率127%が確保できている。

　また、財務レバレッジは、2社とも社債・借入金がない完全な無借金経営であるため、117%、140%といずれも非常に低い水準となっている。

事業などのリスクにどう対応したらいいのか？

参考文献

- 西山茂（2009）「巻頭エッセイ　任天堂にみる"三層リスクヘッジ経営"」『経』第91号，ダイヤモンド社.
- 西山茂（2008）『入門ビジネス・ファイナンス』東洋経済新報社.
- 有価証券報告書（任天堂㈱、㈱バンダイナムコホールディングス）
- 任天堂㈱ホームページ（https://www.nintendo.co.jp/）
- ㈱バンダイナムコホールディングスホームページ（https://www.bandainamco.co.jp/）

第4章

成長の持続

第4章 **成長**の持続 についての問い

真の成長を実現するためには何が必要か？

「持続的な成長を目指せ」「成長戦略を明確にしろ」など、成長を重視し、成長を評価するようなコメントを聞くことが多い。例えば、トヨタ自動車は、2017年3月期の有価証券報告書の対処すべき課題の中で、「トヨタは、持続的成長を実現して、トヨタグローバルビジョンを実現していきます」「持続的成長を実現し、企業価値の向上に努めていきます」と成長を意識した方針を掲載している。

確かに成長、中でも一般に成長のベースと考えられている売上高の成長は、より多くの顧客に評価された結果であり、組織の活性化にもつながり、さらに社会的にもより多くの従業員を雇うことにつながるなどいろいろなメリットがある。こう見ていくと、成長はどの企業も重視すべきことのように感じるが、この成長の真の意味とは何だろうか。また、それを実現するためには何が必要なのだろうか。

持続的成長を続けるヤオコーの経営の秘訣

　日本の上場公開企業の中で、25年以上の長期間にわたって増収増益を続けている企業がいくつかある。その中の1社が埼玉県を中心に首都圏でスーパーマーケット事業を展開するヤオコーだ。同社は、2017年3月期で28期連続の増収増益を達成している。その持続的な成長の鍵は何だろうか。

　ヤオコーは1890年に青果店として創業し、その後、本部主導のチェーンストアという業態で拡大してきた。現会長の川野幸夫氏がリードして、顧客ニーズに対応するために食生活提案型スーパーマーケットというコンセプトを採用し、各店舗に大きな権限を与える個店経営によって成長を持続してきている。

　このうち食生活提案型は、顧客に調理法などを提案しながら販売する仕組みである。例えば、ヤオコーの店内には、クッキングサポートというコーナーがあり、毎日、従業員が店内にある食材を使ったいろいろな料理の調理実演を行い、顧客に試食をしてもらっている。その中で気に入った料理があれば、顧客はその料理のレシピが書かれた紙をピックアップし、その料理に必要な食材や調味料を店内で探し、購入していく。また、それ以外にも店内に食材の調理法などの説明が掲示されており、顧客に対して食生活の提案を行い販売につなげている。

　また、かなりの種類の惣菜やパンなども店頭に並べて販売している。寿司、天ぷら、かつ丼、お好み焼き、サラダ、揚げ物、パンなどだ。その多くは従業員が店内にある厨房で調理したものであり、質もかなり高い。

　これは、惣菜などの品質を安定させ、調理技能を向上させるために設定された、技術認定制度という仕組みの結果でもある。この制度に沿って、厨房で調理をする従業員を対象にかなり厳格な技術認定が行われ、各従業員はランクに応じて技能手当てを受け取っている。取得している技能（天ぷら、寿司など）が名札の下に記載されており、従業員のモチベーションにもつながっているようだ。

　また、店舗で作ることによって、惣菜などの鮮度が保たれ、販売の動向に応じて調理する量の調整も可能になっている。

　ヤオコーでは、現場に権限を与える「個店経営」も特徴的である。具体的には、商品の仕入れや調理する惣菜の種類や量については、店長や現場の

真の成長を実現するためには何が必要か？　　93

従業員にかなり任せる仕組みである。もちろん、本部から共同で仕入れた食材や商品の割り当て、毎日の販売の重点などの指示はくるが、各店舗でその日の天気や地域のイベント、さらに地域のニーズなどに合わせて商品構成を変えるなど、柔軟な対応が行える体制となっている。いわば、本部は基本的に店舗のサポート役になっているのだ。

　また、パートの従業員は各店舗の周辺に住む主婦が多く、彼女らをパートナーと呼び、権限を与えると同時にボーナスも支払うことでモチベーションを高めている。そのパートナーがその地域に住んでいる主婦の目線で商品の品ぞろえ、仕入れ、陳列、また場合によっては価格設定にも関わっている。それが地域のニーズを反映した店づくりにつながり、惣菜などの廃棄の減少や、順調な売れ行きといった成果にもつながっているようである。

　さらに、キッチンカフェという休憩所を店内に設け、購入したものを店内で食べられるようにしている。これを顧客の情報交換の場としても使ってもらうことで、顧客満足度を高めている。

　このように、ヤオコーの長期間にわたる安定した成長は、地域のニーズや状況に柔軟に対応する「個店経営」という方針の中で、クッキングサポートをはじめとする顧客のニーズに対応する仕組みの採用、それを支える自主性のあるパートナー（パートさん）の高いモチベーション、さらにそのもととなるインセンティブの仕組みがうまくつながった結果と言えそうだ。

　なお、ヤオコーは2017年3月期の有価証券報告書の経営方針の中でも、28期連続の増収増益を実現したことを報告する同時に、今後について、「資産の有効活用を図り、かつ健全な財務体質の維持に努め、さらに増収増益を目指してまいりたいと考えております」と記載しており、継続した成長を重視していくことを宣言している。

常識 24

「価値ある成長」の意味

▶「成長」という言葉が一般に意味する売上高の成長は、多くの企業が重視すべきものである。ただ、利益の拡大、利益率の維持ないし上昇、資本コストを上回る儲けにつながらなければ、価値のある成長とは言えない。

　まず、成長の意味について考えてみよう。一般に、成長は規模の拡大を意味しており、中でも売上高の拡大を指している場合が多い。ただ、場合によっては、利益の拡大、資産の増加などを意味する場合もあり、その意味は必ずしも1つではない。ただ前述のように、成長という言葉は、企業の目標としてよく取り上げられる言葉の1つであり、一般にポジティブなイメージを持つものである。

　中でも、売上高の成長は一般には良いことである。ただ、それが利益につながらないものであったり、利益が増えても利益率が低下してしまうものであったり、また、株主をはじめとする資金提供者が期待、あるいは要求している儲けである資本コスト（常識15参照）を下回る儲けしか確保できないものである場合には、必ずしも良いとは言えない。やはり、売上高の成長は、利益を増やし、利益率の維持や向上につながり、さらに資本コストを上回る儲けを生み出すことにつながってはじめて価値があるといえる。

　その意味では、値引きによって販売数量を伸ばし、それによって売上高の成長を図るという方針は注意が必要である。なぜなら、一般に値引きは利益に大きなマイナスのインパクトを与える傾向があり、それを販売数量の増加やコストの削減などで埋め合わせしようとすると、かなりの数量の増加やコスト削減が必要になってしまうからである（常識32参照）。

　つまり、値引きによって販売数量が増加し売上高は伸びても、同時に利益額、利益率を高め、さらに資本コストを上回る儲けを生み出していくことは一

真の成長を実現するためには何が必要か？　　95

般にかなりハードルが高い。したがって、値引きをもとに売上高を成長させようと考えている場合には、値引きがどの程度販売数量の増加につながるのか、また値引きをしても利益を確保するためにどのようなコスト削減策があるのかを、しっかりと考えておくことが重要である。

図表4-1 成長の本当の意味

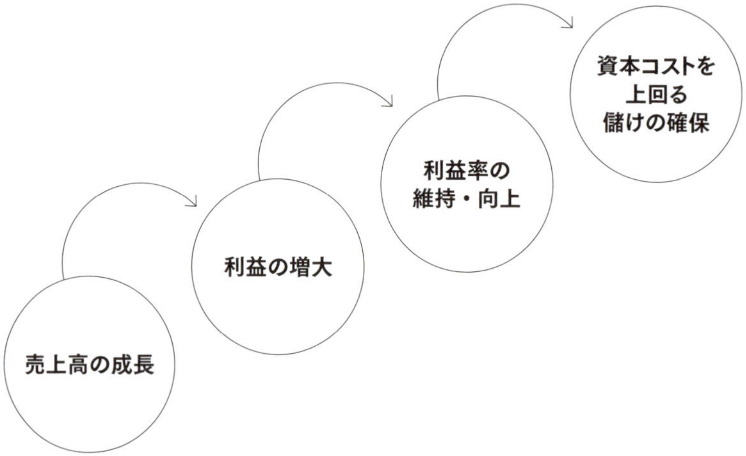

- 売上高の成長
- 利益の増大
- 利益率の維持・向上
- 資本コストを上回る儲けの確保

常識 25

市場の成長やシェアとの関係で成長スピードを見る

▶ 成長は、市場や競合の成長、シェアとも関連付けて考えることが重要である。一般に市場の成長を上回る成長はハードルが高い。またその結果であるシェアの上昇は儲けにつながる可能性が高いが、一定水準以上のシェアの拡大はかなりハードルが高くなる。競合企業や競合品との適度なすみ分けという視点もある。

　成長スピードを、市場全体の成長スピードと比較することは重要である。一般に少なくとも市場の伸びと同じ程度の成長を維持し、シェアを維持していくことが望ましい。その意味では、成長スピードの適切性を評価する場合、市場全体の成長や競合企業の成長と比較したり、またシェアが維持できているかどうかを確認することが重要になる。
　また、市場全体が成長しているときは、その流れに沿っていけば比較的成長は実現しやすい。一方で、市場が成熟してくると、成長するためにはシェアの上昇が必要になり、これは競合企業との間で限られた市場を取り合うゼロサムの戦いになるため、ハードルが高くなる。

図表4-2 売上高の成長

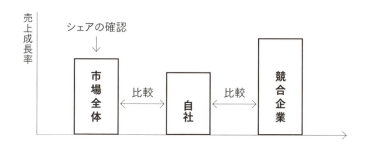

真の成長を実現するためには何が必要か？　97

また、成長のための具体的な方法についても、大きく分けると自らの投資で徐々に拡大していく方法と、M&Aを使って一気に拡大する方法の2つがある。このうち、市場が成熟している場合には、一気に規模を拡大すると同時に競合企業を減らすことにもなるM&Aに比重を置くなど、状況に応じて使い分けることも必要である。

　次に、売上高の成長を、それによって獲得できるシェアという視点から考えることも重要である。一般に、売上高の成長によってシェアを高めると、収益性が上昇する傾向が強いといわれている。あるプライベートエクイティファンドでは、投資先を選択する場合の条件の1つとして、何らかの切り口、例えばある特定の製品やサービス、あるいはある特定の地域などで、シェアNO.1のものを持っている企業であること、という点を挙げている。その理由は、シェアNO.1のものを持っていることが強い競争優位があることを意味する可能性が高いこと、またシェアの高さが高い利益率につながる可能性が高いことにあるようだ。

図表4-3 ある投資ファンドの投資先選択の基準

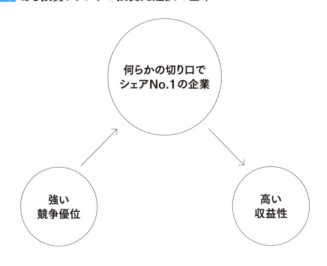

ただ、既にシェアが50％を超えるなどかなり高い水準まで到達している場合は、それをさらに高めようとすると、競合企業からシェアを獲得するために値引きや販促費の投入が必要になったり、対応が難しい顧客まで対象にする必要が出てくる。つまり、いろいろなコストが大きくなり、かえって十分な利益が獲得できない可能性も出てくる。さらに高いシェアは独占禁止法の問題につながる可能性もある。その意味では、あるレベル以上はシェアを追わずに、一定のシェアを2位以下の競合企業に確保してもらってすみ分けをし、自らは優良顧客を対象にして高収益を上げることを考えたりするほうが望ましいという見方もできる。

このように、売上高の成長によるシェア拡大は一般に業績向上につながる傾向が強いようではあるが、一方で適度なシェア、適度な成長によって効率よく一定の儲けを確保するという方向も選択肢として考える余地はある。

常識 26

成長を重視しない経営もある

▶（売上高の）成長の重要性は、それが儲けや強み、競争優位にどの程度つながるかによって変わってくる。事業内容によっては、成長をあまり重視しないほうがいい場合もある。

成長がどの程度重要になるのかは、事業の内容によっても変わってくる。例えば、規模の拡大がコストダウンにつながるような、また、売上高の成長が儲けを生み出す大きなポイントになるような事業では、売上高の成長はとても重要になる。

具体的には、石油会社のようにコモディティ製品を扱う業界では、一般に規模の拡大はコストダウンなどを通じて収益力の向上につながる面が大きいた

真の成長を実現するためには何が必要か？　99

め、売上高の成長、またシェアの拡大には大きな意味がある。日本の石油業界では2017年4月にJXホールディングスと東燃ゼネラル石油との経営統合によってJXTGホールディングスが誕生したり、昭和シェル石油と出光興産とが経営統合を模索するなど、規模を拡大する動きがある。これは石油というコモディティを扱っている業界では適切な動きと考えられる。

　一方で、規模の拡大が必ずしも儲けにつながらず、逆に希少価値やブランド価値を高めることが重要なビジネスでは、必ずしも売上高の成長を重視する必要はない。

図表4-4 成長の重要度と事業内容

規模の経済性の
ある事業

希少性やブランドが
重要な事業

大きい **←** **成長の重要性** **→** **必ずしも大きくない**

　例えば、世界を代表する高級車メーカーの1社であるフェラーリの2016年の年間販売台数は全世界で8,014台と少なく、前年比で350台の増加（4.6％増）にとどまっている。これは、トヨタ自動車の2017年3月期の年間車両小売販売台数1,025万台、本田技研工業の同時期の連結自動車販売台数368万台、2016年のダイムラー300万台、ＢＭＷグループ236万台、アウディ187万台と比較すると非常に少ない数字だ。需要に対応すればもっと販売台数を増やすことができる可能性はあるが、フェラーリは必ずしも売上高の拡大は重視せず、希少価値、ブランド、利益を重視しているように見える。

　ちなみに、同社の2016年の売上高は31億ユーロ（1ユーロ125円で換算すると約3,900億円）と前年比で8.8％伸びており、販売台数の増加率を上回っている。これは為替の影響や自動車以外の収益の増加、販売車種の構成の変化などの影響もあるようだが、1台当たりの平均単価の上昇も関係しているようである。また、利益は、営業利益とほぼ同じものを意味するEBIT（Earning Before Interest & Tax：金利税金差引前利益）ベースで5億9,500万ユーロ、売上高に対する比率で19.2％と、かなり高い利益率を確保している。ただ、

同社は2015年10月21日にニューヨーク証券取引所に上場しており、今後、投資家の期待に応えていくために販売台数や売上高の成長を以前よりも重視するようになる可能性もありそうだ。

常識27
上場公開企業には 成長の要求が強まる

> ▶上場公開企業になると、株主からの期待もあり、一般に成長の重要性が増加する。

　株式を上場公開しているかどうかによっても成長の重要度は違ってくる。一般に株式を上場公開すると、株主から継続して評価される企業になることが重要になる。株主の評価は、一般に持続的に事業から生み出すキャッシュフローを高め、株主が求めている以上の投資効率を実現し、株価の上昇と配当からなる株主への分配をより多く生み出してくれるかどうか、といった点が中心となる。そして、それを実現するためには、売上高の成長、また利益の成長といった規模の拡大が重要なポイントの1つになってくる。したがって、上場公開している企業は、成長を重視することが必然的に求められることになる。

　ということは、逆に、必ずしも成長をあまり重視せずに、巡航速度で成長を図りたい企業や、一定の時間をかけて事業の見直しを行い、その後で成長していきたいような企業の場合は、株式の上場公開をしない、あるいはそれをやめる、という選択肢も考えられる。実際にプライベートエクイティファンドと連携しながらMBO（Management Buyout、経営陣を中心とした株式の購入による株式の非公開化）を実施した企業などは、そのような選択をしたとも考えられる。

真の成長を実現するためには何が必要か？　101

常識28

急激な成長は急激な衰退につながる可能性がある

▶急激な成長は、近い将来の急激な衰退を暗示していたり、企業の弱体化につながる可能性がある。

成長するスピードについても注意が必要になる。一般に急激な事業の成長は、ある製品の大ヒットや、急激な環境変化などに依存したものであることが多い。そのような場合は、逆に短期間で急激に衰退する可能性もある。その意味では、急激な成長よりも、適度な成長を継続することを目指したほうがいいということもある。

ある一部上場企業の社長が「高い成長率を継続することより、何年かに1回成長スピードが緩やかになるような、年輪のできるような成長の仕方がいい」と言っていた。高い成長率を継続すると、人材の確保、管理体制の構築、社内でのカルチャーの共有などが追い付かず、将来的に大きな問題につながる可能性もある。人材、管理体制などの充実のためには、一定期間ごとに成長スピードが落ちる時期があってもいい、という意味であった。このような視点を持つことも重要だ。

このように、成長にはいくつかの死角がある。ただ、売上高を中心とする成長は、組織の活性化、従業員のモチベーションの高まりなどのメリットがあり、その意味では、成長の注意点に気を配りながら、持続的な売上高の成長を図っていくことが基本的には望ましい。

常識 29

成長戦略の実現可能性は
高くない

▶ 成長戦略は、実現に時間がかかり、またその可能性も低いことを前提に、しっかりと内容を考えて、実行に移すことが重要である。

　多くの企業が掲げる成長戦略についても注意点がある。あるコンサルティング会社の幹部は、「いろいろな企業が成長戦略を掲げるが、実は計画通りの成果が出ているケースは多くはない。既存事業の成長戦略の場合は成果が出ているケースがそれなりにあるが、新規事業による成長戦略は、掛け声だけに終わってしまうことも多く、ハードルが高い」と言う。

　確かに、成長戦略の具体的な中身としては、新規事業の立ち上げや、海外も含めた新しい地域への進出などが多い。しかし、これらを実行に移し、実際に成果を生み出すためには、かなりの時間がかかり、またその成功確率も必ずしも高くない。

　このように、成長戦略の中で挙げられる新規事業の立ち上げや新しい地域への展開などは、立ち上げや成果の実現までに時間がかかり、その可能性も必ずしも高くないことを前提に考えておくことも必要である。

　また、あるコンサルタントが「売上増加は七難を隠す」といっていたように、売上高が増加しているときは、例えば新規事業の立ち上げの遅れ、環境変化への対応の遅れ、といった課題が覆い隠され、課題が見えにくくなる面もある。その意味では、売上高が成長していても油断せずに、その背後にある「七難」をしっかりと特定し、それを少しでも解消していくように努力することが重要であろう。

真の成長を実現するためには何が必要か？　103

ヤオコーの財務諸表分析（2017年3月期）（アークスと比較しながら）

連結損益計算書 （百万円）

	金額	%
売上高	327,406	100.0
売上原価	235,996	72.1
売上総利益	91,410	27.9
営業収入	15,654	4.8
営業総利益	107,064	32.7
販売費および一般管理費	92,544	28.3
うち配送費	6,712	2.1
うち広告宣伝費	2,815	0.9
うち人件費	48,777	14.9
うち設備関係費用	20,357	6.2
営業利益	14,520	4.4
営業外収益	218	0.1
営業外費用	524	0.2
経常利益	14,214	4.3
特別利益	2,249	0.7
特別損失	2,314	0.7
税金等調整前当期純利益	14,149	4.3
法人税等	4,221	1.3
当期純利益	9,927	3.0

　ヤオコーの連結損益計算書を見ると、売上高は3,274億円と日本でスーパーマーケットを展開する上場公開企業の中では10位程度の規模である（北海道・東北地区を中心にスーパーマーケット事業を中心に展開し、比較的事業が類似しているアークスは2017年2月期に5,126億円）。売上高総利益率は27.9％（アークスは24.6％）と、付加価値をつけた惣菜などの比重が高いことなどから、食品スーパーとしては比較的高めの水準を確保している。また、売上高営業利益率も4.4％（アークスは2.9％）と日本の食品スーパーの中では比較的高い水準にある。なお、営業収入には、モノの販売以外の運営するショッピングセンターの賃貸収入、物流センターの収入などが含まれている。

　販売費および一般管理費の内訳を見ると、産地直送による中間物流の排

除、また埼玉県と千葉県などを中心とした関東への集中的な出店や物流センターの設置によって、配送費は売上高の2.1％に圧縮されている。また、チラシは活用するもののエブリデイ・ロープライスの方針によって広告宣伝費も0.9％（アークス1.0％）とかなり抑えられている。

　ただ、人件費は14.9％（アークス9.8％）、店舗などの設備関係費用は6.2％（アークス4.3％）と、ヒトを含めた店舗の運営には一定のコストをかけている。アークスと比較すると、この2つのコストの売上高比率は高めであるが、これは北海道と東北地区で店舗を展開するアークスに比較して、ヤオコーは埼玉、千葉といった首都圏で事業展開をしているため、人件費や店舗関係の費用が多くなる傾向があることも関係しているようだ。ただ、人件費の比率の高さは、ヤオコーのパートの従業員に対するボーナス制度など、人にモチベーションを与え、人を大事にする経営の表れと考えることもできそうだ。

　営業外損益は少額であり、また特別損益も関係会社売却益や店舗の減損損失があったもののほぼ同額であったため、合計してみるとほぼ影響がなく、税金が30％程度差し引かれて当期純利益率は3.0％となっている。

連結貸借対照表 （百万円）

	金額	％		金額	％
流動資産	40,137	22.3	流動負債	47,151	26.2
うち金融資産	22,386	12.4	うち仕入債務	20,209	11.2
うち売上債権	2,905	1.6	うち借入金・社債	8,253	4.6
うち棚卸資産	6,603	3.7	固定負債	56,629	31.5
固定資産	139,733	77.7	うち借入金・社債	43,032	23.9
有形固定資産	114,305	63.5	負債合計	103,781	57.7
無形固定資産	4,073	2.3	純資産	76,089	42.3
投資その他の資産	21,355	11.9	うち利益剰余金	74,516	41.4
資産合計	179,870	100.0	負債・純資産合計	179,870	100.0

　連結貸借対照表を見てみると、流動資産の中の金融資産が資産全体の12.4％（アークス17.7％）を占め、借入金・社債の比率である28.5％（アークス8.6％）に対して比較的大きく、実際にある程度借り入れている状態ではあるものの、実質的な借入金・社債は比較的少なめになっている。

真の成長を実現するためには何が必要か？ 　105

さらに純資産が42.3％（アークス61.8％）と、事業会社で一般的な30〜40％と比較してやや高めであり、財務的な安全性は比較的高い状況にある。なお、この点については、アークスは金融資産が借入金・社債を上回る実質無借金の状況にあり、純資産比率も60％を超えるなど、財務的な安全性は非常に高くなっている。

　また、ヤオコーの資産の内訳を見ると、前述のように金融資産はある程度あるが、現金商売がベースで棚卸資産を長期間保有しない食品業界のため、売上債権は1.6％、棚卸資産は3.7％と比較的少なく、流動資産は22.3％（アークス24.8％）と全体として小さめとなっている。一方で、有形固定資産は63.5％（アークス58.4％）と大きく、店舗などの建物や陳列棚、土地などをかなり保有していることが表れている。なお、無形固定資産は2.3％（アークス1.3％）と小さく、企業買収などはあまり行っていないようだ。

　また、投資その他の資産は11.9％あるが、この中心は賃借している店舗などの差入保証金であり、ここにも店舗関係の資産が含まれている。この点については、アークスもかなり類似した状況にあるが、無形固定資産についてはM&Aを数多く実行している割には小さくなっている。これは無形の価値を表すのれんなどの評価が大きくならないM&Aが多かった、と見ることもできそうだ。

運転資本の回転期間　　　（日）

売上債権回転期間	3
棚卸資産回転期間	10
仕入債務回転期間	31

　ヤオコーの運転資本を見てみると、前述のように、売上債権や棚卸資産が小さく、仕入債務も11.2％と比較的少なめである。回転期間で見ると3日、10日、31日と現金商売ベースかつ生鮮食料品を含む食品の小売りということで、売上債権、棚卸資産を中心に非常に短くなっている。アークスの回転期間も、2日、13日、25日とやはり売上債権、棚卸資産を中心に短くなっている。ただ、スーパーマーケット事業でポイントとなる棚卸資産については、ヤオコーのほうが短い。ここにはヤオコーの在庫管理の精度の高さと惣菜などの賞味期限が短いものの比重が高いことなどが反映されているといえそうだ。

連結キャッシュフロー計算書		（百万円）
営業活動からのキャッシュフロー	15,805	100%
投資活動からのキャッシュフロー	-23,267	-147%
うち有形固定資産の取得による支出	-23,609	
うち子会社株式の取得	0	
財務活動からのキャッシュフロー	25,083	159%
うち配当金の支払い	-1,855	
うち自社株買い	0	
合計	17,621	

　連結キャッシュフロー計算書を見ると、2017年3月期は、営業活動からの
キャッシュフローは158億円のプラスとなっているが、投資活動は営業活動の
約1.5倍のキャッシュフローを設備投資などに使ったため、約233億円のマイナ
スとなっている。

　一方で財務活動では、配当は一定レベルで行いながらも、設備投資にほぼ
見合う分だけの借り入れを行なったため、約251億円のプラスとなっている。
これは成長期にある企業の典型的なパターンであり、設備投資を中心に積極
的な事業拡大を図っていることが表れている。なお、設備投資は、新規出
店、物流センター、また食品の加工や品質管理、新製品開発などを行うデリ
カ・生鮮センターの開設、既存設備の改装などが中心であり、事業拡大や業
務の効率化を意図したものとなっている。

　また、2017年3月期を含む過去5年間を見てみると、そのうち2年間は営業
活動のプラスを上回るキャッシュを投資活動で使っており、継続して活発な投
資を行っていることがわかる。

　また、売上高の5年間の年平均成長率であるCAGRは7.6％（アークスは
8.3%）と、少子高齢化の影響を受ける可能性が高い食品スーパー業界の中
では高い成長率を確保している。ただ、アークスに比較してやや低いのは、
アークスが買収をある程度活用しながら成長しているのに対して、ヤオコーは自
らの投資をベースに成長してきていることも影響している。

　では、ヤオコーとアークスのROEを比較してみよう。

真の成長を実現するためには何が必要か？　107

ROE ＝ 売上高当期純利益率 × 総資産回転率 × 財務レバレッジ

ヤオコー（2017年3月期）
13.0% ＝ 3.0% × 182% × 236%

アークス（2017年2月期）
8.3% ＝ 2.0% × 250% × 162%

　これを見ると、アークスのROEは概ね日本の上場公開企業の平均的な水準であるが、ヤオコーはそれを上回っている。

　デュポンシステムで分解した内訳を見てみると、売上高当期純利益率は、2社とも一般に薄利多売の事業として利益率が低めになる食品スーパー事業がベースになっているため、低くなっている。ただ比較すると、ヤオコーのほうが少し高めとなっており、これは惣菜などの付加価値の高いものの構成比率を高めていることが関係していそうだ。

　一方で、ヤオコーの総資産回転率は大量販売の業態のため182%と高いが、アークスと比較すると低くなっている。これは、2社とも前述のように薄利（利益率はやや低め）多売（総資産回転率はやや高め）の事業展開をしているものの、アークスのほうがよりその傾向が強いことを意味している。さらに、首都圏で事業を展開するヤオコーのほうが、北海道・東北地区で展開するアークスに比較して、土地をはじめとした有形固定資産や賃借店舗の敷金・差入保証金などの資産が多くなることも関係していそうだ。

　また、財務レバレッジは、前述のように、ヤオコーは社債・借入金がやや少なめで安全性がそれなりに高いため、一般事業会社の平均的な水準である300％前後よりもやや低めとなっている。一方で、アークスは、前述のように実質無借金の状況にあるため非常に低くなっており、財務的な安全性はアークスがより高くなっている。

参考文献

- 勝間和代（2008）『利益の方程式』東洋経済新報社．
- 西山茂（2006）『企業分析シナリオ第2版』東洋経済新報社．
- 福井晋「「ヤオコー」イオンの営業利益を上回る「食生活提案」など独自戦略」ビジネスジャーナル （2015年5月22日）（http://news.livedoor.com/article/detail/10140246/）
- 「最新！「連続増益トップ260社」ランキング」東洋経済ONLINE（2016年8月17日）（http://toyokeizai.net/articles/-/131486）
- テレビ東京「カンブリア宮殿　流通スペシャル　地方スーパーの逆襲」（2010年8月23日PM10時〜11時24分）
- フェラーリホームページ（http://corporate.ferrari.com/en/2016-year-recordson-way-its-70th-anniversary-2017）
- トヨタ自動車2017年3月期決算短信補足資料（連結決算）（http://www.toyota.co.jp/pages/contents/jpn/investors/financial_results/2017/year_end/h_renketu.pdf）
- Honda Corporate Update-2017 Spring（http://www.honda.co.jp/content/dam/site/www/investors/cq_img/library/road_show/FY201803_spring_corporate_update_e_1.pdf）
- Daimler Communications（http://www.mercedes-benz.jp/news/release/2017/20170215_1.pdf）
- BMW Annual Report 2016（https://www.bmwgroup.com/content/dam/bmw-group-websites/bmwgroup_com/ir/downloads/en/2017/GB/13044_BMW_GB16_en_Finanzbericht.pdf）
- Audi Japan Press Center（http://audi-press.jp/press-releases/2017/b7rqqm0000000rzd.html）
- 有価証券報告書（㈱ヤオコー、㈱アークス、トヨタ自動車㈱、本田技研工業㈱）
- ㈱ヤオコーホームページ（http://www.yaoko-net.com/corporate/）
- ㈱アークスホームページ（http://www.arcs-g.co.jp/company/arcs/）
- トヨタ自動車㈱ホームページ（http://www.toyota.co.jp/）
- 本田技研工業㈱ホームページ（http://www.honda.co.jp/）

第5章

「良いものをより安く」の実現

第5章 「良いものをより安く」の実現 についての問い

10%の値引きをして儲けを増やすための販売量とコストの目標は？

「より良いものをより安く」「より良いものを同じ価格で提供します」「おなじみの商品をより安くしました」など、モノやサービスの質や価値に比較して、安い価格で顧客に提供することを意味するメッセージをよく聞くことがある。また、このような方針は、以前から日本のいろいろな有名な経営者も掲げてきている。

確かに、モノやサービスをその質や価値に比較してより安い価格で提供すれば、多くの場合、顧客も増え売り上げも増加していく。その面ではこのような方針は、耳に心地よく、顧客にも支持される1つの良い方向のように感じるが、良いものをより安く提供しながら業績も確保することはなかなか難しい。そのためにはどうしたらよいのであろうか。

ニトリの低価格戦略とそれを支える仕組み

「お、ねだん以上。」という「いいものをより安く」に類似したキャッチフレーズで有名なニトリ。低価格帯商品が60%、中価格帯商品が40%という低価格品中心の戦略をもとに、家具や家庭用品の製造販売の事業で、2017年2月期で30年連続の増収増益と好業績を上げている。

ニトリホールディングスの売上高営業利益率は16.7%（2017年2月期）と、低価格戦略を採用する企業としては高いレベルの利益率を確保している。ニトリはこのような業績をどのように実現しているのであろうか。

結論からいうと、彼らの低価格、高利益率を実現しているベースは、コスト低減とローコストオペレーションである。自らを「製造物流小売業」と呼んでいるように、商品の企画や原材料の調達から、製造・物流・販売に至るまでの一連の過程を、中間コストを極力削減しながらグループ全体でプロデュースする体制を構築している。

具体的には、インドネシア（1994年に立ち上げ）、ベトナム（2004年に立ち上げ）の2つの自社工場を中心に、外注先に対しても品質調査や製造工程の改善指導を行いながら、商品の90％以上を海外で製造、調達し、商品自体のコスト低減を図っている。

また、輸入の際のさまざまなコスト削減を行うとともに、自社で物流センターを保有し、グループ内で物流機能を担うことで、家具などの比較的サイズの大きい商品を扱い、ともすると物流コストが大きくなりがちな事業で、徹底した物流コストの削減も図っている。さらに、倉庫も基本的には自動倉庫とし、顧客の注文を登録するだけで、在庫の確保や配送予約も行えるといった一元管理システムを確立し業務の効率化も図っている。

さらに、店舗展開について、隣接地に集中的に出店するというドミナント戦略によって、顧客への認知度を高め、広告宣伝や物流の効率を高めることでこれらのコスト削減も図っている。また、継続した出店によって、2017年2月20日時点で、店舗数は471店舗（うち海外が43店舗）まで拡大しており、この店舗数の大きさが、原材料の調達、工場や物流センターの稼働率などの面で、規模の経済を生み出し、コスト低減につながっているのである。

似鳥昭雄会長は、同社の方針に関して、「お客様の求めている価格から逆

算して、その価格を実現する方法を考えている」と述べているが、これは「価格－利益＝コスト」という、顧客が求める価格と自社で確保すべき利益からコストの目標を設定する発想だ。このような考え方の中で、徹底したローコストオペレーションの仕組みが作り上げられ、好業績を生み出してきたといえる。

　このように、「より安く」を実現するためにはそれを支えるための仕組みが必要になるが、それを作り上げている企業の1社がニトリといえそうだ。

常識30
顧客が求める 「良いもの」の水準

▶「良いもの」であるかは、「顧客にとって良いものか」「顧客は評価するのか」「競合品と比較して良いものか」という視点で考えることが重要である。また、顧客が求める水準、評価する水準を超えたものを提供すると、コストと価格が見合わなくなる可能性もある。したがって、それに合わせた価格設定とコストのコントロールが重要になる。

　まずは「良いもの」を「より安く」提供することの意味から考えてみよう。

　最初の「良いもの」については、そのようなものを顧客に提供することは重要なことであり、基本的には問題はない。

　ただ、注意が必要なのは、顧客から評価される「良いもの」でなければいけないことである。昨今、過剰品質、過剰な機能が問題になることがある。日本の顧客は要求が厳しく、その環境の中で製品を作り込みサービスを提供していくと、海外進出の場合などでは、顧客が求めている以上のものを提供してしまう可能性がある。それが顧客の感動を呼び、その後のリピートオーダーなどにつながるのであればいいが、そうならない場合はコスト過多になってしまう。

　したがって、顧客のターゲットを、より良いものを求めている特別な顧客か

ら、適度なものを求めている一般的な顧客に広げたり、先進国から新興国へ
市場を拡大していくような場合は、顧客が求めている水準に合わせた「良いも
の」を提供していくという視点も持つことが必要になる。また、競合製品がある
場合には、価格から考えて競合製品よりも「良いもの」であることも1つのポイ
ントになる。

常識**31**

価格設定の際に
考えるべき3つのポイント

▶ 新製品の価格設定は、顧客が受け入れるか、コストをカバーできるか、
という視点はもちろん、競合企業が類似製品を発売するかどうかの意思
決定にも影響を与えることを考えて行うべきである。

　一般に、価格を設定する場合は少なくとも3Cの視点は持つべきではないだ
ろうか。3Cとは、Customer（顧客）、Competitor（競合企業、競合製
品）、Company（自社）の3つのCのことである。これは企業の環境分析でよ
く使われるフレームワークである。

　このうちCustomer（顧客）は、顧客が認識する価値とのバランスを意識し
て価格設定を考えると同時に、顧客にその価値を認めてもらう努力が必要であ
る、ということを意味している。

　次に2つ目のCompetitor（競合企業）は、類似した競合製品がある場合に
は、その価格も意識して価格設定を行っていくことが重要である、という意味
である。

　さらに3つ目のCompany（自社）は、自社のコスト以上の価格を設定しない
と儲けが出ないので、コストを意識し、必要に応じてコスト低減を図ることが必
要である、ということである。

　また、2つ目のCompetitorについては追加で1つ考えるべきポイントがあ

10%の値引きをして儲けを増やすための販売量とコストの目標は？　115

る。具体的には、競合製品がないような新製品を発売する場合、類似する製品を開発し販売できるような競合企業は、その新製品がヒットするかどうかを注意深く見守っているということだ。その際、高い価格で新製品を発売すると、競合企業はそこそこのコストでもかなり儲かると受け止めて、類似製品の開発に積極的に取り組む可能性が高い。

　一方で、低めの価格で新製品を発売すると、競合企業はかなりコストを抑えないと儲けが出ないと受け止めて、類似製品の開発のハードルが上がり、その市場への参入に慎重になる可能性が出てくる。

　このように、新製品の価格設定は、競合企業に対して、類似した製品を仮に発売した場合に儲けやすいかどうかといったメッセージにもなる可能性があることには、注意が必要である。

図表5-1 価格について考えるべき「3つのC」

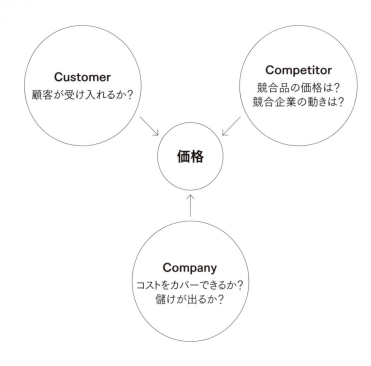

常識32

価格の引き下げと利益の維持

> ▶価格の引き下げを販売数量の増加やコストの低減で埋め合わせて、利益を維持し、増加させるためには、一般にかなりの販売数量の増加、大幅なコスト削減が必要になる。価格の引き下げあるいは値引きは、いろいろなコスト削減の仕組みや販売数量増加への施策をしっかりと考えたうえで、実行することが重要である。

「良いもの」の意味の次に、「より安く」という方針について考えてみよう。一般に顧客の立場からすると、より安いことはとても望ましいことである。ただ、価格の引き下げや値引きは、利益に非常に大きなインパクトを与えるので、それをしっかりと認識したうえで踏み切る必要がある。

　簡単な例で考えてみよう。例えば、1個100万円の家具を100セット販売し、100万円×100セット＝1億円の売上高を上げている企業を想定してほしい。この企業が家具を10%値引きして1セット90万円で販売することにした場合、同じ売上高を確保するためには、90万円×111セット＝9,990万円なので、約11セット、つまり約11%多く販売する必要がある。つまり、売上高を維持するためには、値引きの率（10%）とほぼ同じだけの率（11%）で販売数量が増加すれば穴埋めできることになる。

　では利益はどうであろうか。仮に売上原価率（ここではすべて変動費と考える）を60%として6,000万円（1個当たり60万円）、販売費および一般管理費（これはすべて固定費と考える）を2,500万円として、営業利益が1,500万円、売上高営業利益率が15%の場合で考えてみよう。

　この場合、価格を10%引き下げて90万円にしてしまうと、1個当たりの売上総利益（この場合は、売上高から変動費を引いた段階の利益である限界利益と同じ意味になる）は、90万円－60万円＝30万円となってしまう。この限界

10%の値引きをして儲けを増やすための販売量とコストの目標は？　117

利益をもとに、固定費である2,500万円をカバーし、さらに1,500万円の利益を出すためには、合計で4,000万円の売上総利益（限界利益）が必要になる。それを確保するためには、4,000万円÷30万円＝134セットを販売する必要が出てくる。

つまり、10％の値引きをした場合、同じだけの利益を確保するためには、販売数量を34％伸ばさなければいけない。

また、10％の値引きをコスト削減で穴埋めして、同じだけの利益を確保しようとすると、売上高の減少分である1,000万円と同じだけのコストを減らす必要が出てくる。

これを売上原価だけで削減しようとすると、1,000万円÷6,000万円＝約16.7％も削減することが必要となる。また、これを販売費および一般管理費の削減だけで実現しようとすると、1,000万円÷2,500万円＝約40％の削減が必要となる。

このように、10％の値引きをコスト削減で埋め合わせ、同じだけの利益を確保するためには、比率で考えると10％をかなり上回るコスト削減が必要になるのだ。これは、販売価格に比較して、通常1個当たりの原価や販売費および一般管理費の金額は小さい数字なので、ある意味で当然のことではある。

このような値引きのインパクトの大きさは、売上原価や販売費および一般管理費、あるいは変動費と固定費の構成比率、また利益率によって変化していく。ただ価格の引き下げや値引きを販売数量の増加やコスト削減で穴埋めすることは、かなりハードルが高いことをしっかりと認識して、「より安く」という選択肢を採用することが重要になる。

特に、利益率が低い事業の場合は、ほんの少し値引きをしただけで、利益が大きく減少してしまう可能性もあることにも注意が必要である。例えば、仮に営業利益率5％の企業が2％の値引きをしてしまうと、もし販売数量の増加がなければ、営業利益率は3％に低下する。つまり、営業利益率が5％から3％に下がることで、営業利益の額としては実に40％の減少となってしまうのである。

図表5-2 値引きの影響の埋め合わせ（販売数量を増やして埋め合わせる場合）

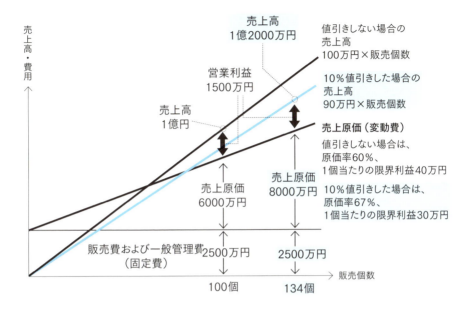

図表5-3 値引きのインパクト（事例の場合で、同じ利益を確保するためには）

価格の変化 **−10%** ＝ 販売数量の変化 **+34%** ＝ 売上原価の変化 **−16.7%** ＝ 販売管理費の変化 **−40.0%**

10％の値引きをして儲けを増やすための販売量とコストの目標は？

常識33

事業による価格政策の違い

> ▶「より安く」がなじむかどうかは、業種によっても違う可能性がある。ブランド価値をあまり重視しない場合や、生活必需品で顧客があまりこだわりを持たない製品を扱っている場合、製品にあまり違いがない場合は、一般に「より安く」という選択肢が有効になる。

「より安く」という方針は、どのような事業に適しているのであろうか。一般に、ブランド価値をあまり重視しない場合や、日々の生活の中で使う生活必需品で顧客があまりこだわりを持たない製品の場合、また製品にあまり違いがない場合、あるいは同じものをいくつかのルートで買える場合は、「より安い」ことは顧客にとっては非常に魅力的である。例えば、食品や生活必需品などを販売しているスーパーマーケットや家電量販店などであれば、「より安い」ことは顧客を惹き付ける大きなポイントになる。

一方で、ブランドを重視する事業やかなり差異化が行われている場合は、「より安く」には良い面と悪い面が出てくる。例えば、高級ブランドのバッグなどがセールなどで安く購入できると、その段階では顧客の満足度はかなり高くなる。ただ、あまり値引きを頻繁にしたり値引き率が高かったりすると、多くの顧客が安い価格でその製品を購入してしまい、そのブランドの価値が下がり、かえって購入した顧客の満足度が下がり、上質な顧客は買わなくなってしまう可能性もある。

つまり、ブランドの価値を維持していくためには、値引きや価格の引き下げは慎重に行うことが必要になる。そのため、高級ブランドで勝負する企業の場合は、値引きを期間限定にしたり、上得意の顧客に限ったり、定番商品ではなく季節商品に限ったり、また、アウトレットをはじめとする行くのが面倒な場所にある店に限るなど、非常に限定的に行っている。

このように、顧客のこだわりの大きさ、競合製品との違いの大きさ、ブランドの価値を重視する度合いなどによって、「より安く」という方針の適合レベルには違いが出てくると考えられる。要は、業界によって「より安く」が適する場合と、一方で「適切な価格で」がなじむ場合とがあるということである。

なお、既に多くの旅行会社や映画館、あるいはホテルなどのサービス業で採用されているが、サービスの利用を時間や日、あるいは時期によって区切ることができる場合は、顧客が集まりやすい時間や日、時期には高めの価格設定を行い、逆にそうではない時間や日、時期には、価格を引き下げて顧客の確保を図る、といった方針を採用する余地がある。

さらに、新製品の価格設定方針の選択肢の1つとして、長い期間売れ続けそうなもので、規模の経済が働くような事業の場合には、最初から安い価格で発売して販売数量を拡大し、当初は赤字であっても、販売数量の増加に合わせて徐々にコストを下げ、最終的に儲けを生み出していく、市場浸透価格戦略（ペネトレーションプライシング）を採用する余地もある。

図表5-4 事業による価格設定方針の違い

ブランドにこだわりがない。　　　　　　　　　　　　　ブランドが重要。
　商品に違いがない　　　　　　　　　　　　　　　　　商品に違いがある

　望ましい　⟵　「より安く」という方針　⟶　必ずしも望ましくない

常識34

「より安く」を支える仕組み

▶「より安く」という方針で儲けるために、安くした製品をベースにその後の消耗品の販売で儲ける仕組みや、使用段階でのサポートや保守などのサービスで儲ける仕組を採用することも選択肢になる。

「より安く」という方針の中で価格設定をする場合は、その価格でも一定の利益を確保するために、

価格 － 利益 ＝ コスト

という発想でコストの水準を考えていくことも選択肢の1つである。これはまさにニトリの似鳥会長の考え方と同じである。「価格をこのレベルにまで下げても、これだけの利益を確保したいのであれば、コストはこの水準にまで抑える必要がある」というように考えていくのである。

一方で、価格の引き下げや値引きを、販売数量の増加によって埋め合わせて利益を確保する、という方向性も考えられる。ただ、その場合は、前述のように、価格の数パーセントの引き下げは、それをかなり上回るパーセントの販売数量の増加が必要になることを意識して、数量の増加効果をしっかりと分析することが重要になる。

なお、販売数量の増加効果は、顧客の低価格に対する反応や競合企業の動きによってかなり不確実な面がある。したがって、それだけに期待するのではなく、並行してコストを削減する方策を積み上げることが大切である。あるいは逆に、まずはコスト削減で利益を維持確保することを中核に据え、売上高の増加効果は追加のメリットと考えることが堅実であろう。

なお、初期の価格を「より安く」設定しながらも、あとから儲けるような仕組みも検討する余地がある。

　例えば、髭剃りのジレット社が、まずは髭剃りを安く売り、そのあと継続して必要になる替え刃の利益率を高めに設定し、それで儲けていく、ということで有名になった「ジレットモデル」である。つまり、最初の製品自体は安く販売し、その後に使う消耗品で儲けていく仕組みだ。

　このような仕組みは、プリンターをベースにインクやトナーの消耗品で儲けるキヤノンのプリンター、コーヒーなどを作るマシンをベースに液体が入ったカプセルで儲けるネスレのネスプレッソなどいろいろあるが、これは「より安く」でも儲けられるビジネスモデルの1つである。

　また、同じような仕組みであるが、製品自体は安く提供し、その後のその製品の使用サポートや保守などのサービスで儲けるという仕組みもある。

常識35

「より安く」の代替案

▶「より安く」という方針を、価格の引き下げではなく、おまけの提供などの代替案で実現する方法もある。

　前述したように、ブランドや差異化が重要な事業では、価格を低く設定してしまうことで、かえって商品の顧客にとっての価値を下げてしまう可能性がある。「より安く」を実行する場合にも、特別な期間に、特別な場所で、特別な顧客だけに限定して行うなど、限定的に行うことが重要になる。

　その面では、オフィシャルな価格は変更せずに、「より安く」と同じようなメリットを顧客に与える仕組みを検討することも意味がある。具体的には、おまけをつけたり、ポイントを付与したり、あるいは不動産業のフリーレントといったものである。これらの仕組みは、価格を維持することで製商品・サービスの価値の

10%の値引きをして儲けを増やすための販売量とコストの目標は？ 　123

イメージを落とさずに、売上高や利益が減少するインパクトを低減したり、顧客のリピートや顧客の行動データの把握につなげられる可能性がある。このような代替案との比較も検討の余地はある。

この点について、以前、ある大手百貨店の営業本部長から以下のような話を聞いたことがある。

「売れなくなると、値引きをしたくなります。ただ、過去の経験からすると、値引きはよくない。なぜなら、値引きをするとそれなりに販売数量は増加しますが、同時に顧客は値引き後の価格を定価と思うようになる。その後値引きをやめて以前の価格に戻すと、顧客は値上がりしたように感じ、ほとんど売れなくなってしまう。一方で、過去の経験からは、値引きよりもおまけをつけるほうがいい。なぜなら、おまけは顧客にお得感を感じてもらえるので販売数量増加に効果がありますが、価格は変えないので顧客の定価に対する意識は変わりません。おまけをやめると販売数量は下がりますが、顧客は値上げをしたという印象はないため、値引きをやめたときほどは販売数量が下がらないのです」

このように、「より安く」の中で、値引きは慎重に考える必要がある。ただ、おまけをつけることは価格に対する意識を変えない、という意味で1つの選択肢だと考えられそうである。さらにおまけの場合は、顧客はおまけの定価で価値を感じるが、実際の負担はそのおまけの原価分だけであり、コストの割に顧客は大きな価値を感じてくれるというメリットもある。

その意味では、百貨店やスーパーマーケット、あるいは家電量販店などでよく使われるポイントもおまけの一種である。ポイントは、販売したモノ自体の価格は値引きせずに、次の買い物の際に値引きとして利用できるポイントを与える仕組みである。

つまり、価格は直接値引かずに、実質的な値引きであるポイントというおまけを与え、顧客を惹き付けて売上高を伸ばしながら、さらに顧客がポイントを使おうとすることでリピート販売にもつなげる。また、その顧客の購入やポイント利用のデータを分析することで顧客の行動を把握していくのである。

また、不動産業でビルの賃貸などで行われる、最初の数か月のフリーレントも似た仕組みである。賃料は値引かずに、最初の数か月間の賃料をフリー、つまり無料にすることで、実質的な値引きによって顧客を惹き付けながら、オ

フィシャルな賃料は下げずにそのビルの価値やブランドを維持しているのだ。

このように、おまけなどで顧客にメリットを与えながらも、価格自体は引き下げない、という方針も検討の価値はある。

図表5-5 「おまけ」のメリット

- ☑ 商品自体の価格を下げる必要がない
- ☑ やめても値上げの印象はあまりない
- ☑ 顧客の価値認識に比べてコスト負担は低い（原価ベース）
- ☑ ポイント制であればリピートにもつながる
- ☑ 既存商品を「おまけ」にすれば、在庫削減にもつながる

ニトリホールディングスの財務諸表分析 (2017年2月期) (良品計画と比較しながら)

連結損益計算書
(百万円)

	金額	％
売上高	512,958	100.0
売上原価	234,684	45.8
売上総利益	278,274	54.2
販売費および一般管理費	192,497	37.5
うち発送配達費	23,685	4.6
うち広告宣伝費	14,804	2.9
うち人件費	59,650	11.6
うち設備関係費用	38,433	7.5
営業利益	85,776	16.7
営業外収益	1,865	0.4
営業外費用	78	0.0
経常利益	87,563	17.1
特別利益	801	0.2
特別損失	543	0.1
税金等調整前当期純利益	87,822	17.1
法人税等	27,822	5.4
当期純利益	59,999	11.7

　ニトリホールディングスの連結損益計算書を見ると、売上高は5,130億円と、日本の家具インテリア業界の上場公開企業の中では最大の規模となっている（家具などの生活雑貨、衣料雑貨、食品などを扱っている良品計画が2017年2月期に3,326億円、家具の小売販売を行う大塚家具が2016年12月期に463億円）。

　売上高総利益率は54.2％（良品計画は49.7％、大塚家具は53.4％）と、中低価格品を中心にしている割にはかなり高くなっており、良品計画や大塚家具を上回っている。これは、インドネシアやベトナムなどの海外で製造することによって、コストがかなり抑えられている結果と考えられる。

　次の売上高営業利益率も16.7％（良品計画11.5％）と家具やインテリアの業界の中では非常に高い水準にある。

　販管費および一般管理費の内訳を見ると、自社物流とドミナント戦略による

集中的な出店によって、店舗数がかなり多く、また嵩張る家具などを扱っているにもかかわらず発送配達費は売上高の4.6％（良品計画4.0％）に抑えている。また、ドミナント戦略による効率的な販促によって広告宣伝費も2.9％（良品計画は1.6％）と比較的抑えられている。ただ、人件費は11.6％（良品計画11.1％）、店舗などの設備関係費用は7.5％（良品計画は12.0％）と、これらのコストの比重は比較的高くなっている。しかし良品計画と比較すると、効率の良い物流システムによって嵩張る家具の比率が高い割に発送配達費が抑えられていること、また、店舗を地方や郊外も含めコスト効率よく出店しているために設備関係費が抑えられていることが、特徴となっている。

営業外損益、特別損益は少額のため、税金が30％程度差し引かれて、当期純利益率は11.7％（良品計画7.8％）となっている。

連結貸借対照表 （百万円）

	金額	%		金額	%
流動資産	170,182	34.9	流動負債	75,724	15.5
うち金融資産	70,560	14.5	うち仕入債務	16,001	3.3
うち売上債権	18,486	3.8	うち借入金・社債	817	0.2
うち棚卸資産	48,966	10.0	固定負債	17,310	3.5
固定資産	317,630	65.1	うち借入金・社債	2,330	0.5
有形固定資産	248,094	50.9	負債合計	93,034	19.1
無形固定資産	13,732	2.8	純資産	394,778	80.9
投資その他の資産	55,804	11.4	うち利益剰余金	361,103	74.0
資産合計	487,814	100.0	負債・純資産合計	487,814	100.0

次に連結貸借対照表を見てみると、流動資産の中の金融資産が資産全体の14.5％（良品計画18.0％）となっているのに対して、借入金・社債は全体で0.6％（良品計画5.1％）とほとんどなく、実質無借金の状況にある。さらに純資産が80.9％（良品計画73.1％）と、一般事業会社で一般的な30〜40％と比較して非常に高くなっており、財務的な安全性は抜群だ。なお、この点については、良品計画もほぼ同じ傾向にある。

また、資産の内訳を見ると、前述のように金融資産は比較的あるが、現金商売がベースの小売業であるため売上債権は少ない。一方で家具などの単価が比較的大きく保有期間が比較的長いものを扱っているため、棚卸資産はそ

10％の値引きをして儲けを増やすための販売量とコストの目標は？ 127

れなりにあり、流動資産は34.9%（良品計画61.2%）と全体の約3分の1を占めている。

有形固定資産は50.9%（良品計画18.0%）とかなり大きく、店舗をはじめ、海外の工場や物流センターなどの建物や土地などをかなり保有していることが表れている。なお、有形固定資産の比重については、外部への製造委託とショッピングセンターなどへの出店をベースにしている良品計画は資産の18.0%にとどまっており、ビジネスモデルの違いが表れている。

無形固定資産は2.8%（良品計画6.3%）と小さく、企業買収などはあまり行っていないようだ。

また、投資その他の資産は11.4%（良品計画14.5%）あるが、この中心は賃借している店舗などの差入保証金や敷金であり、ここにも店舗関係の資産が含まれている。この無形固定資産と投資その他の資産の傾向は、良品計画も基本的に同じである。ただ、良品計画のほうが、グループ会社の子会社化などで無形固定資産が若干大きくなっている。

運転資本の回転期間 （日）

売上債権回転期間	13
棚卸資産回転期間	76
仕入債務回転期間	25

運転資本を見てみると、前述のように売上債権と仕入債務は比較的少ない。売上債権3.8%、棚卸資産10.0%、仕入債務3.3%である。回転期間は、13日、76日、25日と、現金商売ベースの小売業ということで、かなり短くなっている。ただ、前述のように単価が高く、足が長い傾向がある家具を中心に扱い、さらにその製造まで行っているため、棚卸資産はそれなりの日数となっている。

良品計画の回転期間は、9日、158日、42日となっており、傾向は似ているが棚卸資産がかなり長くなっている。なお、グループ内での製造をベースにしているニトリのほうが、製造を外注している良品計画よりも棚卸資産の回転期間がかなり短くなっていることは、ニトリの売れ行きが順調であり、製造と販売の連携が良く、在庫管理のレベルが高いことを意味しているといえそうだ。

連結キャッシュフロー計算書　　　　（百万円）

営業活動からのキャッシュフロー	77,930	100.0%
投資活動からのキャッシュフロー	-42,047	-54.0%
うち有形固定資産の取得による支出	-34,966	
うち子会社株式の取得	0	
財務活動からのキャッシュフロー	-6,414	-8.2%
うち配当金の支払い	-7,753	
うち自社株買い	-4	
合計	29,469	

　連結キャッシュフロー計算書を見ると、営業活動からのキャッシュフロー779億円の半分弱を設備投資などの投資活動に使い、残りの一部を配当を中心に財務活動に使っており、安定ステージにある企業の典型的なパターンになっている。

　売上高の5年間の年平均成長率であるCAGRは9.2％と、国内を中心とした事業展開にもかかわらず、少子高齢化という逆風の中でも高い成長率を確保している。ただ、この点については、良品計画も13.3％と高く、ニトリを上回っている。この良品計画の成長率の高さは、日本国内の5年平均成長率が7.1％であるのに対して、アジアを中心とした海外の成長率が37.1％となっていることが貢献している。これを見ると、国内だけではニトリの成長が上回っているものの、今後のさらなる成長を考えると、ニトリはアジアをはじめとする海外進出が課題であるともいえそうだ。

　では、ニトリと良品計画のROEを比較してみよう。

ROE　＝　売上高当期純利益率　×　総資産回転率　×　財務レバレッジ

ニトリホールディングス（2017年2月期）
15.2％　＝　　　11.7％　　×　　105％　　×　　124％

良品計画（2017年2月期）
16.9％　＝　　　7.8％　　×　　155％　　×　　140％

これを見るとわかるように、ニトリが15％台、良品計画が16％台と2社とも
ROEはかなり高く、またあまり差がない。ただ、売上高当期純利益率はニトリ
が高く、総資産回転率は良品計画が高くなっている。

　イメージ的には、ニトリは薄利（利益率はやや低め）多売（総資産回転率
はやや高め）といった事業展開をしているように見えるが、実際は、コストを徹
底的に抑えることで、高収益率（高い利益率）と平均的な販売量（平均的な
回転率）という構造になっている。これは、多くの店舗や工場、物流センター
を自前で保有する方針のため有形固定資産が大きくなった結果とも考えられそ
うだ。逆に、良品計画は外部への製造委託の関係でやや利益率が低くなるも
のの、工場を持つ必要がなく、さらに店舗もショッピングセンターなどへの出店
が中心のため有形固定資産が少なくなり、結果として資産回転率が高めになっ
ている。このように、ここには2社のビジネスモデルの違いが表れている。

　財務レバレッジは、2社とも社債・借入金がほぼなく実質無借金の状況にあ
るため、一般事業会社の平均的な水準である300％前後を大幅に下回ってお
り、財務的な安全性は非常に高くなっている。ただこれは逆に、2社ともこの
財務の強さをベースにかなり成長投資をする余地があることを意味しているとも
いえそうだ。

参考文献

・西山茂（2009）『戦略管理会計改訂2版』ダイヤモンド社.
・有価証券報告書（㈱ニトリホールディングス、㈱良品計画、㈱大塚家具）
・㈱ニトリホールディングスホームページ（http://www.nitorihd.co.jp/）
・株式会社ニトリホールディングス2017年2月期決算説明会
　（http://www.nitorihd.co.jp/ir/items/201702_Financial%20Report.pdf）
・㈱良品計画ホームページ（https://ryohin-keikaku.jp/）

第6章

6

コスト
の削減

第6章 **コスト の削減** についての問い

「守りのコスト」と「攻めのコスト」をどう扱うか？

「前年比○％の原価低減」「原価や費用の削減を断行する」「大幅な経費の圧縮に取り組む」など、コスト（費用）を減らす目標を多くの企業が掲げている。企業が儲けを増加させるためには、シンプルに考えると、外部から入ってくる売上高などの収益を高め、逆に外部に出ていく原価、販売管理費といったコスト（費用）を減らすことが必要だ。

　一般に収益を伸ばすことは、顧客の動向、競合企業の動きといった外部の環境に左右される傾向がある。一方で、コストの削減は外部の影響を受けることが比較的少ないので、その企業が適切な方針を決定し、それを実行に移せば一般に実現する可能性が高い。

　その意味では、多くの企業が利益を拡大するために、まずコスト削減から考えるのは、正攻法であり理にかなっている。ただ、すべてのコストを同じように削減していいのだろうか。また、品質などとどうバランスを取ったらよいのだろうか。

信越化学工業のコスト削減を中心とする効率経営

　塩化ビニール、シリコンウエハーなど、いろいろな製品の原材料や部品になるものの製造販売を行っている信越化学工業は、徹底したコスト削減をはじめとする効率経営で好業績を継続している。原価の削減とともに販売費および一般管理費を売上高の10%程度（2017年3月期は10.5%）に抑え、継続して15%を超える売上高営業利益率（2017年3月期は19.3%）を確保している。中でも販売費および一般管理費については、少数精鋭主義、ジョブローテーションの削減による専門性の向上など、人の生産性を高める方針を中心にその効率を高め費用を削減してきている。このようなコストへの厳しいスタンスが、同社の好業績を支える大きなポイントの1つとなっている。

　ただ、信越化学工業は、コストや費用の削減を行う一方で、不良品の率を引き下げるシックスシグマといった品質管理への取り組みや設備や研究開発への投資も積極的に行っている。

　設備投資については、同社が事業を展開する化学業界は大きな設備が必要な場合が多く、しかも景気の波が大きい傾向がある。そのような中で、需要がまだそれほど多くはない時期に将来の需要増加を見越して設備投資を開始し、その後の需要増加分を新しい設備の稼働で取り込むことができると、業績は大きく拡大していく。信越化学工業は、まさにこのような方針に基づいて、需要動向などの情報を的確に入手し、将来を見越した積極投資を行ってきている。

　その背景にあるのが、同社の財務の強さである。無借金経営を継続し、かなり多額のキャッシュを保有している。2017年3月末時点で、現金および預金と有価証券の合計が9,392億円と、年間売上高1兆2,374億円の75.9%に達している。これによって、景気が悪く競合企業が投資をできないような時期でも積極的な投資が可能となり、これが同社の売上高およびシェアの拡大、さらには利益の拡大につながっているのである。

　この信越化学工業の例からもわかるように、コスト削減を行う場合でも、コストを一律に削減するのではなく、必要に応じてメリハリを付け、品質についての取り組みや将来を見越した設備投資や研究開発投資などは適切に実行していくことが重要といえそうだ。

常識36

守りのコストと攻めのコスト

> ▶管理費、物流費といった守りのコストは、コスト削減の重要性が高い。ただ過度なコスト削減はいろいろなトラブルを生み出す可能性もあるので注意が必要である。一方で、研究開発費、販売促進費、広告宣伝費といった攻めのコストは、一定のコスト意識も必要であるが、逆に効果をいかに高めるかという点がより重要になる。

コストを削減し抑えることは、コストで勝負する事業を中心に、多くの企業で儲けを確保するための重要なポイントである。実際に多くの企業が、外部からの購入のすべてに対する購買部門の関与、サプライヤーとの値下げ交渉、生産方法や業務の標準化や効率化、また製品の種類の削減による効率化など、コストを削減するためにいろいろな手を打っている。

ただ、このコスト削減にどの程度の厳しく取り組むのかは、コストの性質によって変わる可能性がある。例えば、コストを経営という視点から「守りのコスト」と「攻めのコスト」に分けて考えてみよう。

ここでいう守りのコストとは、企業を維持するための管理関係のコスト、物流コスト、あるいは商品や製品を販売したあとのメンテナンスなどに関係するコストのことである。このようなコストは、基本的に一定の成果をより少ないコストで生み出していくことが重要になる。したがって、コストが効率よく使われているかという観点を中心に管理していくことが必要になる。

一方で、攻めのコストとは、短期、あるいは中長期的に売上高を高めるようなコスト、つまり研究開発費や販売促進費、広告宣伝費といったコストのことである。このようなコストは、基本的に一定のコストをかけることでできるだけ大きな成果を生み出すことが重要になる。したがって、コストが効果的に使われているかという観点を中心に管理していくことが望ましい。

134 **第6章 コスト の削減**

このうち、コスト削減は前者、つまり守りのコストでより重要になる。ただ、守りのコストについて、あまりに効率を重視し削減しすぎてしまうと、管理水準の低下や物流のトラブルなどが発生する可能性があるので、バランスを考えながら削減していくことが必要である。

図表6-1 事業による「コスト削減」方針の違い

守りのコスト		攻めのコスト
管理コスト 物流コストなど		研究開発費 広告宣伝費 販売促進費など
高い ←	「コスト削減」の 重要性 →	必ずしも高くない

常識37

攻めのコストを
削減する場合の死角

▶攻めのコストの過度な削減は、その効果を大きく失わせる可能性がある。また、攻めのコストに厳しい管理や徹底した効率重視はなじまない面もある。ただ、効果は測定したい。

攻めのコストについては、コスト削減をあまり強調することは得策ではない。研究開発費、販売促進費、広告宣伝費といった売上高の増加につながる攻めのコストは、前述のように一定の金額でより効果を高めることが重要になる。このようなコストを過度に削減してしまうと、効果が大幅低下してしまい、製品の改良や新製品の開発の遅延、売上高の下落、ブランドの弱体化などにつながる可能性もある。あるレベルの効果を生み出すためには一定の金額を投入することが必要であることも含め、安易な削減には注意が必要である。

「守りのコスト」と「攻めのコスト」をどう扱うか？　135

例えば、広告宣伝費は、一定の金額、一定の時間をかけることで初めて一定の効果を生み出すという傾向があるといわれている。したがって、安易な広告宣伝費の削減はその効果を大幅に低下させてしまう可能性もある。

　また、研究開発費についても、イノベーションを生み出そうという方向性と、厳格なコスト削減や厳しい管理は一般的にあまりなじまない。例えば、新製品を継続して生み出すなど、イノベーションで有名な米国の3M社は、研究員が就業時間の15%を自由な研究に使ってもいい、という15%カルチャーという方針を設定している。これを使うかどうかは研究員の自由に任されており、仮に成果が出なくてもペナルティはない。一方で成果が出た場合は、その製品化や事業化を資金を含めて支援する仕組み、また成果を生み出した研究者を表彰や昇進という形で評価する仕組みを設定している。

　このような仕組みは、コスト削減や効率重視とは基本的に違った方向のものであり、研究開発やイノベーションには、コストの削減や効率化が必ずしもなじまないことを意味していると考えられる。

　ただ、ある程度成果が見えてきた段階からは、技術的な実現可能性、市場の大きさ、競合企業に対する優位性といった観点から、一定の条件を満たした場合に次のステージに進むといったゲート管理を行うなど、成果を客観的な基準で製品化、事業化につなげるかどうかを判断するような仕組みを設定することが望ましい。

　なお、一般に研究開発費や販売促進費、広告宣伝費の効果の測定はなかなか難しいといわれている。しかし、その効果を少しでも高めていくためには、その測定を可能な限り行っていくことも重要なポイントになる。

常識 38

効率を重視するところとしないところを区分する

▶ コスト削減の重要性は事業の内容によっても変化する。感性を重視する事業の場合は、コスト削減がなじまない面もあるが、ビジネスとして成り立たせるためには、効率化が可能な部分はそれを進める必要がある。

コストが低いことが競争優位となる事業では、コスト削減は重要なポイントになる。しかし、差異化によって競争優位を構築する場合には、コスト削減も1つのポイントにはなるものの、それに加えて競合とは違った顧客に対するメリットや魅力を積み上げていくことも重要になる。

特に感性に訴えるような事業の場合は、コスト削減だけでは顧客の支持は得られない。このように、事業の内容によって、コスト削減の重要性の違いがあることにも注意が必要である。

一般的に新しいものを創造していくクリエイティブさや感性が重要な事業や業務には、コスト削減や効率はあまりなじまない傾向がある。ただ、そのような分野でも、その一部に一定のコスト意識、効率意識を持ち込むことで業績を高めることが可能になる。したがって、感性、クリエイティブと効率の上手なバランスを考えることも、魅力的なビジネスを作り上げるという観点からは一考の価値がある。

感性が重要な事業にバランスよく効率重視の視点を取り入れている例として、星野リゾートが挙げられる。同社は、最高級ブランドの「星のや」、温泉旅館の「界」、いろいろなアクティビティが楽しめるスタイリッシュなリゾートホテルの「リゾナーレ」といったブランドで、旅館やホテルの運営を行っている。また、例えば「星のや」では、上質な非日常の時間と空間を過ごしてもらうために客室にテレビを置かないことをはじめとして、顧客のことをよく考えたコンセプトで運営されている。

「守りのコスト」と「攻めのコスト」をどう扱うか？　137

一般にグレードの高い旅館やホテルの運営は、おもてなし、顧客の感動といった感性的な側面が比較的重要であるが、同社はそこに効率を高める仕組みを入れ込んで、業績を伸ばしている。

　具体的には、まず従業員のマルチタスク化である。これは、旅館やホテルの4大業務である、フロント、調理、客室清掃、レストランサービスといった業務を標準化し、1人の従業員が1日の業務の負荷の変化に応じてそれぞれを担当していく仕組みである。これによって少人数でのホテル運営が可能となり、またスタッフのモチベーションやサービスの向上にもつなげている。

　また、従業員の業務の生産性を測定し、5段階で評価することで、業務水準の管理を行い、またその向上と維持を図っている。

　さらに食事についても、千葉にあるセントラルキッチンで、標準的な料理についての食材の調達や調理を行い、それを各施設に運んで調理し、一方で各施設が独自に開発したその土地固有の料理についての食材の調達や調理は現地で行い、それらを一緒に顧客に提供している。

　このように、質の高いサービスの提供を重視しながらも、それを実現するベースとして、従業員のマルチタスク化や標準的な料理のセントラルキッチンでの調理といった、効率を考えた仕組みが採用されている。一方で、料理について各施設の地元の食材を使ったものを加えるなど、効率だけではない顧客満足を高めるような方針も取り入れている。

　このように、星野リゾートは効率をあまり重視しないところと重視するところを上手に区分し、顧客に感動を与えながらもビジネスとして成り立たせている。このように、事業分野によってはこのようなバランスも重要になる。

常識39

コスト削減によって別のコスト が上がるトレードオフに注意

▶過度のコスト削減は、トラブル発生によってコストアップにつながる可能性がある。また、あるコストを削減すると別のコストが増えてしまう、といったトレードオフが発生する場合もある。さらに、コスト削減をする場合でも、顧客の求める品質の確保には注意を払うべきである。

　コスト削減を行う場合、それが他のコストや製品の品質などにどのような影響を及ぼす可能性があるかについても注意が必要だ。例えば、原材料費を削減するために安い原材料を使用すると、不良品の発生率が高まるなど、製造でのトラブルが多くなり不良品率が高くなってしまうことがある。また人件費を圧縮するために人件費の安い未経験者などの比率を高めると、ミスの発生が多くなったり、時間が余計にかかったりするなど、人件費のコスト削減がかえってトラブルの発生やトータルとしてのコストアップにつながる可能性もある。

　このように、あるコストの削減が別のコストの上昇につながってしまうトレードオフが発生する可能性もあるので、その可能性も考えながら実行に移していくことが重要になる。

　また、過度なコスト削減は製品やサービスの品質の低下につながる可能性もある。品質については、過度な水準を目指す必要はないという見方もあるが、想定する顧客が求める水準は確保する必要がある。このような観点からコスト削減の行き過ぎに注意を払うことも重要である。

　このように、大きなトラブルが発生せず、トータルとしてのコストダウンにつながるようなコスト削減策を考え、実行に移すことが重要なのである。

「守りのコスト」と「攻めのコスト」をどう扱うか？　139

図表6-2 コスト削減の副作用

コスト削減 ⟶ ⚠ 品質低下
　　　　　　 ⚠ 他のコストの上昇
　　　　　　　　（例：人件費の低い
　　　　　　　　未経験者の増加により、
　　　　　　　　不良率や残業が増加）

常識40
企業再生におけるコスト削減の重要性とその例外

▶企業再生のステージでは、コスト削減は大きなポイントになる。ただ、コスト削減だけでは本当の企業再生は実現しない。本格的な再生は成長モードに入ってはじめて完了すると考えると、将来の成長のために必要なものは、再生の初期段階でも削減せず、また逆に必要であれば可能な範囲で増やしていくという考え方もある。

　企業の再生を行う場合、一般に、事業の選別、徹底したコスト削減、資産圧縮によって、規模を縮小して儲かる体制を作ることから始める場合が多い。その中でコスト削減によってコスト競争力を高めることは重要なポイントになる。

　ただ、本当の意味での企業再生は、一般にその後の成長戦略によって規模の拡大に向かうことで完了する。また、成長のためには、将来に向けた投資やコストの投入など、コスト削減と逆行するような施策もある段階からは必要になる。このように、企業再生の場合、コスト削減は重要なポイントではあるが、ある段階からはそれだけでは必ずしも十分ではないことにも注意が必要である。

　ところで、厳しい状態にある企業を再生させる場合、一般的に実行されるポイントが大きく4つある。それらは、①事業の選別、②徹底したコスト削減、③

徹底した資産圧縮、④成長戦略の実行の4つだ。このうち再生の初期段階では、①②③が集中的に行われる。

つまり、将来まで見据えて儲かる事業に絞り込んで、それ以外の事業は停止ないし売却し、残した事業について徹底したコストの圧縮と資産の圧縮で、まずは規模が縮小しても儲かる体制を作っていく。また、並行して資産の圧縮（売却）などによって獲得した資金で、財務の強化を図り、将来の事業運営のベースを確保していく。そこで事業が儲けを生み出すようになった段階で④の成長戦略を実行に移していくのだ。

図表6-3 企業再生の一般的な4つのステップ

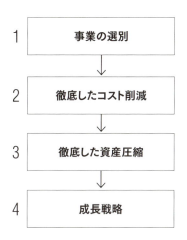

実際に厳しい業績悪化からの再生を果たした日産自動車や日本航空もほぼ同じステップを踏んでいる。中でも、コスト削減は大きな再生のポイントになっている。

日産自動車は、ルノー社からの出資を受け入れた直後の再生プランである日産リバイバルプランの中で、サプライヤーを絞り込み、1社当たりの発注量を増やすことをテコにした購入部品価格の値引き要請、早期退職制度による人員の削減、仕様削減や標準化によるコストダウン、一部の工場の閉鎖による稼働率の向上といった、いろいろな売上原価の削減策や資産の圧縮策を実行に移

している。また販売費および一般管理費についても、ブランドを再生することによるインセンティブ費用の削減、グローバル共通で広告を行うことによる広告費の削減、販売網のスリム化などを実行に移している。

　日本航空も、上場を廃止して国の支援を受けて再生を図る段階で、不採算路線からの撤退や機種の変更による拠点の運営経費や燃料費、またそれらに関係する資産の圧縮、手数料率引き下げによる旅行代理店への販売手数料の圧縮、給与ベースの引き下げや早期退職制度による人件費の圧縮など、いろいろなコストや資産の削減策を実行に移している。

　しかし一方で、空港の発着枠などの規制もあるためすぐには成長戦略を実行できない日本航空の場合は除き、日産自動車は初期の再生プランの中で成長に向けた手も打ち始めている。具体的には、メインデザイナーのスカウトによる新車の開発開始、ブランドを再生するための施策の開始などである。

　このように、企業再生の初期段階では、コスト削減をはじめ、事業の絞り込みや資産の圧縮によって規模を縮小し、儲けを生み出す施策が重要であるが、並行して成長のために打てるべき手は打ち始めること、また将来の成長も考えて伸ばせる事業を残すこと、といった視点も必要である。

常識41

管理会計ツールの活用と
その注意点

▶企画設計の段階からトータルコストの削減を考える原価企画や、間接費の割り振りを正確に行い、その配賦基準の数量削減やそれに関連する業務の効率化で間接費を削減していくABCは、コスト削減につながる管理会計ツールである。ただ、前者は、設計への負荷・品質低下・下請けへの過度の負担、後者は効率化によって浮いた時間などの活用や削減の実現可能性、といった注意点もある。

コスト削減につながる管理会計の代表的なツールが、原価企画とABC（Activity Based Costing：活動基準原価計算）である。

原価企画は、製品の企画、設計の段階から、製品のトータルコストのことを考えていくことによって、コストダウンを図る考え方である。例えば、製品の企画、設計段階から、製造しやすさ、あるいはメンテナンスのしやすさを考えて設計などを行うことによって、製造あるいはメンテナンスの効率を高めてコストを削減し、結果としてトータルとしてのコストを削減していく。

これはトヨタ自動車をはじめとする日本の自動車メーカーが生み出した考え方であり、一般に企画や設計といったものづくりの初期段階でコストのかなりの部分が決まってしまい、その後のコスト削減効果はある程度限られる傾向があることに注目したものである。

この方法は、一般にかなりのコスト削減効果を生み出す傾向が強いようであるが、設計担当者にコストのことを考えさせることで、彼らの負荷が大きくなるとともに自由な発想での設計が難しくなる可能性があること、また品質の低下を招く可能性があること、下請けメーカーを巻き込んだ場合、彼らに過度の負担がいく可能性があること、といった課題が指摘されている。このような注意点も考慮しながら活用していくことが必要である。

「守りのコスト」と「攻めのコスト」をどう扱うか？ 143

ABCは、間接費の割り振りを正確にするためのツールである。どの製品のコストであるかがわかりにくい間接費を、ひとまとまりの業務といった活動という区分ごとに分け、それぞれの活動と関係の深い数値データで各製品に丁寧に割り振っていく。これによって、間接費がより適切に割り振られることになるため、各製品の正確なコストが計算できる。さらに、割り振り基準として採用された数値データに関連する業務の削減に取り組んだり、そのような業務を効率化することで、コストの削減につなげることができる。

　ただ、ABCは、割り振り基準の候補となるいろいろな数値データが集計できることが前提になっているため、導入できる企業が限られる可能性がある。また、業務の効率化をしても、それによって浮いた時間などを別の事業や業務で活用したり、それができなければ人員削減によって削減しないと、本質的なコスト削減や業績改善にはつながらない。したがって、このような点にも注意しながら活用していくことが必要になる。

図表6-4 原価企画とABCの意味と目的

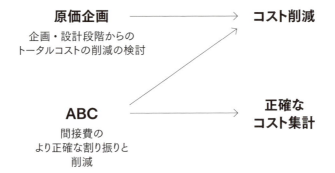

信越化学工業の財務諸表分析（2017年3月期）（日東電工と比較しながら）

連結損益計算書

（百万円）

	金額	%
売上高	1,237,405	100.0
売上原価	868,404	70.2
売上総利益	369,001	29.8
販売費および一般管理費	130,383	10.5
うち研究開発費	49,020	4.0
うち発送費	34,452	2.8
うち人件費	26,154	2.1
営業利益	238,617	19.3
営業外収益	12,200	1.0
営業外費用	8,684	0.7
経常利益	242,133	19.6
特別利益	0	0.0
特別損失	0	0.0
税金等調整前当期純利益	242,134	19.6
法人税等	66,220	5.4
当期純利益	175,912	14.2

　信越化学工業の連結損益計算書を見ると、売上高は1兆2,374億円と日本の化学業界の上場公開企業の中で5位程度と、かなりの規模となっている（同時期の日東電工は7,677億円）。また、売上高総利益率は29.8％（日東電工31.1％）と、素材関連のメーカーなどに多い20％から30％程度の範囲に入っている。

　ただ、売上高営業利益率は19.3％（日東電工12.1％）と、5〜10％程度が多い日本の化学品メーカーの中ではかなり高い水準にある。売上高総利益率が一般的な水準にあるにもかかわらず売上高営業利益率が高いということは、販売費および一般管理費が抑えられていることの表れだ。

　具体的に販売費および一般管理費の内訳を見ると、研究開発費は売上高の4.0％（日東電工4.0％）と、各製品を一定量製造する傾向の業界のため、売上高比率で見るとあまり高くはなく、業種を超えた製造業の平均である4〜5％程度の範囲に入っている。

「守りのコスト」と「攻めのコスト」をどう扱うか？　145

一方で、単価に比較して物量が多くなる傾向が強い化学製品を扱っているため、発送費はそれほど多くはないが、2.8％（三井化学4.0％）かかっている。

　また、少数精鋭で効率を高めている販売費および一般管理費の人件費は2.1％（三井化学3.5％、旭化成8.8％）と、同業他社に比較してもかなり低い。一般にB to Bの企業の場合は、販売や管理などが効率よく行えるため、販売費および一般管理費の売上高比率は低めになる傾向が強いが、信越化学は10.5％（日東電工19.0％）と低く、販売費および一般管理費がよくコントロールされ効率よく使われている。

　営業外損益、特別損益は比較的少額のため、税金が約30％差し引かれて、当期純利益率は14.2％となっている。

連結貸借対照表　　　　　　　　　　　　（百万円）

	金額	％		金額	％
流動資産	1,549,607	58.4	流動負債	317,000	11.9
うち金融資産	939,266	35.4	うち仕入債務	123,823	4.7
うち売上債権	287,853	10.8	うち借入金・社債	12,788	0.5
うち棚卸資産	267,156	10.1	固定負債	148,553	5.6
固定資産	1,106,028	41.6	うち借入金・社債	1,578	0.1
有形固定資産	846,570	31.9	負債合計	465,553	17.5
無形固定資産	10,229	0.4	純資産	2,190,082	82.5
投資その他の資産	249,228	9.4	うち利益剰余金	1,857,857	70.0
資産合計	2,655,636	100.0	負債・純資産合計	2,655,636	100.0

　次に連結貸借対照表を見てみると、流動資産の中の金融資産が資産全体の35.4％（日東電工31.9％）となっているのに対して、借入金・社債は全体で0.6％（日東電工0.6％）と少なく、実質無借金の状況にある。さらに純資産が82.5％（日東電工74.4％）と、一般事業会社で一般的な30〜40％と比較して非常に高くなっており、財務的な安全性は抜群だ。なお、この傾向は日東電工も同じである。

　また、資産を見ると、前述のように金融資産が大きいため、流動資産が58.4％（日東電工64.1％）と半分を超えている。ただ、有形固定資産も31.9％（日東電工28.4％）とそれなりに保有しており、設備を保有し自ら製造している

ことが表れている。なお、無形固定資産は0.4%（日東電工2.4%）と小さく、最近は企業買収などはあまり行っていないようだ。この資産の構成は日東電工もほぼ同じである。

運転資本の回転期間 （日）

売上債権回転期間	85
棚卸資産回転期間	112
仕入債務回転期間	52

　また、運転資本を見てみると、企業向けに素材や部品などを販売するB to Bの業態であるため、資産合計に対して、売上債権10.8%、棚卸資産10.1%、仕入債務4.7%とそれなりにあり、回転期間で見ると85日、112日、52日と全体としてはやや長めになっている。日東電工のこれらの回転期間は、77日、61日、63日といずれも信越化学より短くなっており、扱っている製品の違いもあるものの、信越化学は棚卸資産を中心に運転資本を若干圧縮する余地があるといえそうだ。

連結キャッシュフロー計算書 （百万円）

営業活動からのキャッシュフロー	290,872	100.0%
投資活動からのキャッシュフロー	1,281	0.4%
うち有形固定資産の取得による支出	-134,897	
うち子会社株式の取得	0	
財務活動からのキャッシュフロー	-37,199	-12.8%
うち配当金の支払い	-49,602	
うち自社株買い	-19	
合計	254,954	

　連結キャッシュフロー計算書を見ると、営業活動からのキャッシュフロー2,908億円の約半分弱となる1,349億円を設備投資に使っている。ただ、定期預金の取り崩しや有価証券の売却があったため、それらも含めた投資活動からのキャッシュフローの合計は13億円の若干のプラスとなっている。一方で財務活動では、配当を中心に営業活動のキャッシュフローの13%程度を使っている。このように投資活動はプラスとなっているものの、その中身を見てみる

「守りのコスト」と「攻めのコスト」をどう扱うか？　147

と、安定ステージにある企業の典型的なパターンになっている。

　なお、売上高の5年間の年平均成長率であるCAGRは3.4%とあまり高くはない。ただ、日東電工がIFRSを導入した2015年3月期からの3年間のCAGR 0.8%と比較するとやや高めの水準を確保している。

セグメント情報　　　　　　　　　　　　　（百万円）

	売上高	セグメント利益	セグメント利益率（%）
塩ビ・化成品	414,458	53,186	12.8
シリコーン	185,318	42,549	23.0
機能性化学品	121,998	22,233	18.2
半導体シリコン	252,614	55,991	22.2
電子・機能材料	194,493	55,209	28.4
加工・商事・技術サービス	177,743	9,584	5.4
調整額	-109,221	-138	0.1
連結	1,237,405	238,617	19.3

	売上高	%	有形固定資産	%
日本	342,002	27.6	253,904	30.0
米国	275,033	22.2	456,093	53.9
その他	620,370	50.2	136,572	16.1
合計	1,237,405	100.0	846,570	100.0

　信越化学のセグメント情報を見てみると、6つのセグメントの売上高はかなり分散している。また各セグメントの利益率も若干の差はあるものの、全体的にかなり高い水準となっており、いくつもの事業の柱があることがわかる。また海外の売上高比率も72.4%と、グローバル展開がかなり進んでいる。

　なお、地域別の有形固定資産の比率を見ると、日本と米国の比率が高く、各地域の事業内容にも関係がありそうであるが、やや偏りがあり、設備のグローバル展開については若干検討の余地はありそうだ。

　この点については、日東電工は10%程度の営業利益率を確保している情報機能材料などのオプトロニクス、接合および保護材料や自動車部品などのインダストリアルテープ事業の売上高が比較的大きい。一方で営業利益率が高い医療材料などのライフサイエンスの売上高規模が小さいが、利益という意味で

は3つの事業がそれぞれ収益の柱となっている。また、海外売上高比率も73.0%とアジアオセアニア地域を中心にグローバル展開が進んでいる。

　それでは、信越化学工業と日東電工のROEを比較してみよう。

ROE	=	売上高当期純利益率	×	総資産回転率	×	財務レバレッジ

信越化学工業（2017年3月期）

8.2%	=	14.2%	×	47%	×	125%

日東電工（2017年3月期）

9.7%	=	8.3%	×	87%	×	135%

　ROEは2社とも日本の上場企業の平均的なレベルである。ただ、売上高当期純利益率は2社とも高く、中でも信越化学の高さが目立っている。これは、信越化学工業の販売費および一般管理費を中心とした徹底したコスト削減の結果と考えられる。

　一方で、総資産回転率は信越化学工業がかなり低くなっている。これは、信越化学工業が資産の35.4%を占める金融資産を保有していることがかなり関係している。この金融資産を資産から除いて総資産回転率を計算すると73%程度となるが、これが実力に近いといえそうだ。

　ただ、製造業の一般的なレベルである100%程度よりも低い理由は、運転資本の回転期間がやや長めであること、設備投資型の事業を行っている関係で有形固定資産がやや多めであることなどが理由となっている。

　なお、日東電工の場合も金融資産（資産の31.9%）が多く、それを除いた総資産回転率は128%とかなり高くなる。金融資産を除いたベースで見ても日東電工の総資産回転率が高くなっているのは、日東電工の運転資本の回転期間がやや短く、また売上高に対する有形固定資産の比率がかなり低いことが理由である。これは、日東電工のほうが、比較的コンパクトな設備で展開できる事業の比率が高いことを意味していそうだ。

「守りのコスト」と「攻めのコスト」をどう扱うか？　149

財務レバレッジは2社とも実質無借金であり、さらに借入金・社債自体がほとんどないため非常に低くなっている。

参考文献

- 西山茂（2009）『戦略管理会計改訂2版』ダイヤモンド社.
- 西山茂（2010）「イノベーションを活性化させる経営管理システム－3Mとグーグルの研究開発部門を比較しながら」『早稲田国際経営研究』早稲田大学WBS研究センター、第41号、pp.15-28.
- 「信越化学工業　少数精鋭の徹底で世界一を実現、金川経営の神髄」信越化学工業　代表取締役会長　金川千尋（http://dquarterly.com/articles/-/53）
- 「ポーター賞　受賞企業・事業部レポート　星野リゾート」（http://www.porterprize.org/pastwinner/2014/12/29164554.html）
- 有価証券報告書（信越化学工業㈱、日東電工㈱）
- 信越化学工業㈱ホームページ（https://www.shinetsu.co.jp/）
- 日東電工㈱ホームページ（https://www.nitto.com/jp/ja/）
- ㈱星野リゾートホームページ（https://www.hoshinoresorts.com/）

第7章

7

「もったいない」
という考え方

第7章 「もったいない」という考え方 についての問い

事業の撤退や在庫の廃棄は本当に損なのか？

　日々のビジネスの中で、「もったいないから大事に使え」「もったいないからあるものをできるだけ使え」など、「もったいない」というフレーズがよく使われている。実際に、コピー用紙の裏面を活用したり、使用済みの封筒を社内便用に何度も活用するなど、この言葉に沿った取り組みはいろいろと行われている。

　確かに「もったいない」という意識を持つことは、ビジネスの中でコストを削減するという面から、また環境への対応という面から重要な視点である、ただ、この「もったいない」という意識を、事業の撤退、すでに投資した案件の中止、在庫の廃棄処分などの場面でどう持つべきか。これはなかなか難しい。本来は良い意味がある「もったいない」という思いを、ビジネスの中で適切に取り入れていくためにはどうしたらよいのであろうか。

ファーストリテイリングの本質的な「もったいない」を考えた事業撤退

　ユニクロで有名なファーストリテイリングは、フリースの大ヒットで最高益を出した2001年8月期（売上高4,185億円、営業利益1,020億円）の約1年後の2002年9月に、エフアール・フーズを設立して食品事業に参入した。生産から販売までを一体化したユニクロのビジネスモデルを活用し、安全で高品質な食料品を消費者に提供することがこの新規事業の目的であった。当時は、BSE、口蹄疫といった疫病や畜産物の偽装表示事件などが発生し、消費者の食の安全に対する関心が高まっており、安全、高品質の方向性は時代のニーズにも合っていると考えられていた。

　具体的には、農作物の糖度や栄養価を飛躍的に高める農法で有名な永田農業研究所と提携し、SKIPというブランドで、野菜や果物の販売からスタート。2002年11月に会員制販売、インターネット販売を開始し、2003年5月には松屋銀座に出店、同年7月には路面店舗の開設と事業を拡大し、売上高の拡大と収益基盤の確立を目指した。

　ただ、売上高は立ち上げ初年度となる2003年8月期には6億5,400万円を確保したものの、その後計画通りに成長せず、2004年3月には解散決議を行い、2004年4月に営業を終了している。

　同社は、撤退の理由を「通信販売が計画に達せず、100%契約栽培の難しさも解消できなかった」と説明している。確かに、2004年8月期の売上高10億4,600万円と仕入額9億1,700万円から類推すると、原価率は90%程度にまで達していたようで、立ち上げ期とはいうものの製品の廃棄をはじめかなり苦戦していたことが推測される。さらに、2004年8月期には食品事業の損失として、「関係会社事業整理損」10億4,100万円を計上している。

　このように、立ち上げから約1年半で事業の先行きを見通して撤退するというスピーディーな意思決定は、オーナー兼経営者である柳井正氏を中心とする経営陣の、これから先を考えた健全な「もったいない」という意識の結果とも考えられそうだ。

事業の撤退や在庫の廃棄は本当に損なのか？

常識42

「もったいない」の意味

▶「もったいない」という考え方には「同じことを少ないコストやモノで」と「同じコストやモノでより多くのことを」という2つの意味がある。

「もったいない」という言葉の意味を、改めてビジネスの中で考えてみると、主に2つの意味があるように考えられる。まず1つ目は「同じことをできるだけ少ないコストやモノを使ってできるようにすること」、2つ目は「同じコストやモノをできるだけ使って、より多くのことをできるようにすること」、という2つだ。

常識43

「同じことを（外部を使って）より少ないコストやモノで」実現する

▶同じことをより少ないコストや」モノで、という方針の1つとして、アウトソーシングがある。これは、自前主義の傾向が強い日本企業にとっては大きな選択肢である。ただ、アウトソーシングする業務の内容の選択、アウトソーシング先の管理や評価の体制、アウトソーシング先の内部統制やガバナンスなどには注意が必要である。

「もったいない」を「同じことをできるだけ少ないコストやモノで」実現することから考えてみよう。このうち、同じことをより少ないコストで、という点は、コストで勝負する事業を中心に、多くの企業で重要な視点である。ただ、この点については第6章で取り上げている「コストの削減」の内容と重なるので、ここで

154　第**7**章「**もったいない**」という考え方

は、同じことをより少ないモノで、という点について取り上げてみたい。

　同じことをより少ないモノで、という視点からは、社内で行っている業務を外部の企業に依頼していくアウトソーシングを活用することが考えられる。これは、コスト削減につながる可能性が高く、またコストが変動費化することで利益の変動を押さえ、リスクを低減させることにもつながっていく。

　具体的には、物流、経理処理、給与計算、コールセンターといった比較的定型化した業務を、それを専門に行っている企業に依頼すると、一般に社内で行うよりも効率が高まり、コスト削減につながる可能性が高い。

　また、アウトソーシングの費用の契約を、依頼した業務量に応じて費用を支払うような形、つまり変動費的な契約にすると、もともと社内でモノやヒトを抱え固定費となっている費用が変動費に変化する。その結果、売上高が減少しても減らない固定費が減少し、逆に売上高の減少に合わせて減ってくれる変動費が増えるため、売上高が減少してもなかなか赤字にならないコスト構造に変化していく。その結果として売上高が変化してもそれほど利益が変動しない、利益のリスクが低い利益構造を構築できるのだ（常識22参照）。

　なお、一般に日本企業は欧米の優良企業に比較すると、多くのことを社内でやろうとする自前主義の傾向が強いようだ。その面では、このようなメリットのあるアウトソーシングを活用する余地はかなりある。

　ただ、アウトソーシングにはいくつか注意点がある。

　1つ目は、アウトソーシングする業務の選択だ。当然ながら、社内で行うことが競争優位の面から重要な業務をアウトソーシングすることは、慎重に考えるべきである。例えば、製造方法に特別なノウハウがある企業が製造自体をアウトソーシングしてしまうと、そのノウハウが外部へ流失したり、またそのノウハウをさらに磨き上げることが難しくなってしまう可能性が出てくる。

　2つ目は、ある業務を丸ごとアウトソーシングしてしまうと、社内にその業務に精通した担当者などがいなくなり、アウトソーシング先の管理や評価が難しくなってしまう可能性があることだ。定型的な単純作業であれば一般にあまり問題はないが、事業の中で比較的重要な業務の場合は、アウトソーシング先を管理・評価できないと、コストアップにつながったり、企業の強みが失われる可能性がある。

事業の撤退や在庫の廃棄は本当に損なのか？　　155

したがって、契約などでアウトソーシングする業務内容とその要求水準を明確にするとともに、それを管理・評価できるような担当者を社内に抱えたり、それが難しい場合には、それを代わりにできるような外部の専門家を確保することも重要になる。ある精密機器のメーカーでは、開発、設計、デザイン、販売を社内で行い、製品の製造を基本的にアウトソーシングしているが、コストダウンのポイントを継続的に把握し、一定の品質を確保するために、社内にミニラインを作り、試作製造を行っている。このような体制も1つの選択肢であろう。

　3つ目は、機密保持と同時に昨今話題になることが多い内部統制やガバナンスの問題である。アウトソーシング先のトラブルに関して、依頼した企業の責任を問うような傾向が強くなってきている。その意味で、アウトソーシング先の選別、管理をしっかりと行うことも重要になる。

図表7-1 アウトソーシングのメリットと注意点

メリット	注意点
☑ コスト削減の可能性	⚠ 競争優位につながる業務は対象にしない
☑ 固定費の変動費化	⚠ 外注先を管理・評価できる体制を整える
	⚠ 内部統制やガバナンスの体制をしっかり構築する

常識44
「同じコストやモノで より多くのことを」実現する

▶ 同じコストやモノで、より多くのことを、といった視点も重要であるが、その効果を可能な限り測定して、その効果に合わせて適切にコストやモノを配分していくことも重要である。

「もったいない」を「同じコストやモノで、より多くのことを」によって実現するという視点は、コストの中でも一定のコストをかけることでより多くの効果を生み出すことを狙う、研究開発費や販売促進費、広告宣伝費などで重要になる。このようなコストは、新製品の開発、売上高の増加といった攻めにつながるコストであるが、その効果の測定は一般になかなか難しい。

ただ、研究開発については、研究テーマの方向性の明確化、研究テーマの選別、また、ゲート管理などを用いた進捗管理などを行うことで、効果を高めていくことが必要になる。

このうちゲート管理とは、研究開発の継続や事業化といった次のステージへ進む段階でいくつかのゲートを設け、技術的な実現可能性、市場の大きさ、競合企業に対する優位性といったゲートごとの条件を満たしているかどうかで次のステップに進むかどうかを決定する仕組みである。

また販売促進費や広告宣伝費についても、認知度、好感度、実際の購入への結びつきなどを可能な範囲でフォローしながら、その効果をできるだけ測定し、高めていくことが望ましい。

事業の撤退や在庫の廃棄は本当に損なのか？　157

常識45

既に使ってしまったサンクコストにとらわれてはいけない

▶「もったいない」という意識から、建設中の設備を無理に完成させようとすると、かえって損が増える可能性がある。雲行きが怪しくなった事業の建設中の設備については、これまでかけたコストにかかわらず、建設を中止して廃棄・処分した場合と、完成させて使っていった場合とを比較し、より儲かるほうを選択することが望ましい。遊休資産についても、売却した場合と活用した場合を比較し、より儲かるほうを選択すべきである。

新規事業や拡大を考えていた事業の雲行きが怪しくなってきたとき、その事業のために建設中の設備を完成させるべきかどうか。これは悩ましいテーマの1つである。

途中まで建設した設備を完成させないで放っておくのは、一般的にはとてももったいないことだ。ただ、設備投資を開始した後で、景気の悪化などによってその設備を使う余地があまりなくなってしまった場合は、建設中止も1つの選択肢になる。つまり、途中で継続か中止かを考える場合には、その時点以降について継続した場合と中止した場合を比較し、どちらがより良いのか、あるいはより悪くないのか、という視点で判断することが必要になる。

もちろん、事業が好調で設備の活用余地が十分にあるのであれば、建設を継続することで基本的に問題はない。ただ、景気が悪くなってきたり競合製品がたくさん出てきたりする中で、建設中の設備がどの程度活用できるかわからなくなってくると判断は難しくなる。

建設を中止して設備を廃棄してしまうか、とにかく建設を継続して完成させ少しでも使うことを考えるか。このような場合、捨てるのはもったいない、という気持ちは重要だ。ただ、一方でもったいないからとにかく完成させて無理にでも使おう、というのも少し危険な考え方である。なぜなら強引に完成させ無

理に使おうとすると、投資のため、また活用するためにより多くのコストがかかり、捨てるよりも損失が多くなってしまう可能性があるからだ。

　この場合、途中まで建設した設備に投入した資金は今更どうしようもないので、原則として検討の対象には入れてはいけない。確かに、途中まで建設した設備を捨てることは気が引けるが、ほとんど使いそうもないものを最後まで完成させることでさらにもったいないことをしないために、未来志向で判断することが必要になる。

　既に建設中の設備に対して投資してしまった金額のことはいったん横において、これから先を考えたときに、建設を中止した場合と建設を継続して完成させた場合とを比較して、どちらのほうが損が少なくなるか、あるいは儲けが多くなるか、という視点で考えていくことが必要である。

　なお、この場合、建設中の設備に対して既に投資してしまったコストのことを埋没原価（サンクコスト）と呼んでいる。これは、中止しようが完成させて利用しようが、どちらを選択しても同じようにかかる（既にかかっている）コストであり、この時点でどちらを選択しても関係ない、つまり選択から埋没しているコストという意味である。

　一般に、モノを捨てるような選択にはもったいないという気持ちがついて回る。ただ、既に投資してしまったものについては、それが今更キャンセルできないものであれば埋没原価と考えて、これから先の損得で考え、もったいないから無理に使おうとしてかえってよりもったいないことにならないように気を付けることが重要である。見切り千両という言葉があるが、将来の見通しが立たない場合は途中で廃棄する、ということも1つの選択肢になるのだ。

事業の撤退や在庫の廃棄は本当に損なのか？　159

常識46

使っていない設備や
売れない在庫への対応

▶モノとしては使える、売れる状態にあるものを捨てることはもったいない、環境にも良くない、という見方もある。ただ、経済的には、保有すると保管コストや管理コストなどがかかるので、保有し続けた場合と廃棄した場合を比較して、どちらが望ましいかという視点で判断すべきである。また、使わない設備や売れない在庫があまり出ないような仕組みを作ることも重要になる。

　あまり使っていない設備や売れ行きが鈍ってきた在庫をどうするか、という場面に出くわすことがある。モノとしては使える、売れる状態にあるものを捨てることは罪悪感もある。このような場合、もったいない、という発想からは、とにかく捨てずにできるだけ使う、できるだけ販売することを考えるのが望ましい。また、そのほうが環境にも優しい。

　ただ、なかなか使う余地がない設備や、売ることが難しい在庫は、保有しているだけで保管コスト、管理コストなどがかなりかかってくる。したがって、現実的な使用見込み、販売見込みをベースに、捨てないで持ち続けた場合と捨てた場合、どちらが損が少ないかといった比較を行い、捨てたほうが良いという結果が出た場合は、真剣に廃棄を考えることが必要である。また、NPOや新興国の組織などに寄付するという方法もある。捨てたり寄付することで、保管コスト、管理コストが削減でき、また損失は節税というメリットも生み出すからである。

　最近、個人の片づけ術として、断捨離という言葉があるが、この言葉を言い出した、やましたひでこ氏は、ものへの執着を捨てることがその本質だ、といっている。もちろん個人と企業とは違うが、冷静に判断して、企業の場合もモノに対する過重な執着は避けることが望ましい。

160　**第7章**「**もったいない**」という考え方

また、ブランド、ノウハウ、技術、ヒト、顧客との関係といった無形の資産の重要性が指摘される中で、モノの重要性が相対的に下がってきている。その意味では、製造業の企業が、製品企画や研究開発を社内で行い、製造や販売は外部の企業にお願いし、工場や物流網は持たない、といった「持たない経営」や、外部の企業との連携や外部企業へのアウトソーシング（外注など）によって、過度な自前主義から脱却していくことも選択肢の1つである。

さらに、使わない設備や売れない在庫があまり出てこないような仕組みや体制を作り上げていくことも重要になる。

このような方針によって、捨てたほうがいいものを持ち続けるといった、「もったいない」という言葉への誤解もなくなり、また、シェアードエコノミーといった環境に優しい方向につながっていく可能性が高い。こう考えると、このような方向が本当の意味での「もったいない」を実現する1つの道になるとも言えそうだ。

常識47

稼働率を上げることの死角

> ▶「もったいない」と考えて、余裕のある設備の稼働率を上げることは、固定費を中心にコストを下げるという意味ではメリットが大きい。ただ、過度に稼働率を重視して過剰に作ってしまったり、外注を受けることで自社製品の製造に影響が出たりすることがないよう注意が必要である。

生産設備の稼働率を高めるための生産量の拡大は、製品1個当たりの固定費の削減を通してコストダウンにつながり、業績にも貢献する。ただ、生産したものが売れないと、結果としては不良在庫になってしまう。まだ生産できる余裕があるからといって大量に作ってしまうと、つまり必ずしも売れる見込みがないのに作ってしまうと、その製品が売れない場合、将来的に大幅値引きや廃棄

事業の撤退や在庫の廃棄は本当に損なのか？　161

によって大きな損が出てしまうこともある。つまり、「設備を遊ばせておくのはもったいない」と考えて、売れる見込みがないものを作っても、かえってもっともったいないことになってしまうのである。

　また、これと似た話であるが、工場長に「徹底してコストを下げろ」という目標を与えると問題が発生することがある。つまり、コストを下げるための方法の1つが大量に製造して1個当たりの固定費を削減することなので、大量生産に走ってしまう場合だ。もちろん売れているものを製造するのであれば問題ない。ただ、それほど売れていないものをコストが下がるからということで大量に作ってしまうと、結局残ったものを処分するために大幅値引きや廃棄をすることになり、将来的に大きな損につながってしまうのである。

　このように、設備の稼働率のアップは、作ったものが売れるか、さらにはそれが利益といった成果につながるかどうかを、しっかりと確認しながら実行に移すことが必要になる。

　また、設備に余裕がある場合、他社の製品の外注を受けることがある。これも、追加で売上高を上げることができ、また製品当たりの固定費の負担を減らすことにもつながるのでメリットがある。

　ただ、この場合、他社から外注を受けた製品が自社製品の競合品になってしまうことがある。また、外注の受託契約を長期間にわたって確定的に行ってしまい、いざ自社製品の生産を増やしたいといったときに増産できないといった事態に陥ることもある。そうなると、かえってデメリットのほうが大きくなってしまう。

　このように、受託生産する場合も、製造する製品の内容や自社の生産見込みをしっかりと把握して受託することが重要になる。

図表7-2 稼働率を上げる場合の注意点

より多く作る場合　　──→　　需要があるか？

外注を受ける場合　　──→　　競合品にならないか？
　　　　　　　　　　　　　　自社品の生産拡大の制約にならないか？

常識48

「売れるだけ売る」ことの死角

▶ 販売量をできるだけ伸ばすことは、売上高の拡大という意味では一般に良いことである。ただ、売れるだけ売ろうとすると、かえってその製品や商品の希少価値がなくなって人気の低下につながったり、またより多く売るため在庫を多く保有することで鮮度が落ちてしまったりすることもある。

　少しでも売上高を伸ばす余地がある場合に、もったいないから売れるだけ売ろうとすることがある。これも、売上高や利益を拡大するという面では1つの選択肢だ。ただこの場合も注意が必要になる。例えば、売上高を伸ばすことに必死になるあまり、絶えず多めに製品を作ることで在庫がだぶついてしまい、かえって商品の人気を落としてしまったり、店頭の商品の鮮度の低下を招く可能性があるからだ。

　実際に、あるおもちゃメーカーは、大ヒット商品が出たときに、出荷を調整しておもちゃ屋でなかなか買えない状況を作ることで人気を維持することに成功していた。また、ある食品メーカーは、アイスクリームのコーンのパリパリ感を維持するために、鮮度を重視してあえて店頭でやや品切れ気味になるように生産や出荷を調整して在庫のだぶつきを避け、おいしい状態で顧客に届けるように努力している。

　このように、人気の維持や商品の鮮度などを重視して、めいっぱい売ることに必要以上にこだわらないことも選択肢になる。

事業の撤退や在庫の廃棄は本当に損なのか？　163

常識49

シェアードサービスにおける外販の注意点

▶社内の業務を集約して効率を高めるシェアードサービスについても、そのサービスを外部企業に提供して売上高を拡大することを過度に重視することは望ましくない。外部顧客向けのカスタマイズが増え、かえって当初の目的である業務効率化によるコスト削減の効果が出てこないことがあるからだ。

　社内の間接業務などを子会社などに集約して効率を高めるシェアードサービスの外販にも注意が必要だ。自社内で培ったノウハウを外部の企業に提供し、外部から売上高を稼ごうという方針を掲げてサービスを外部に販売すれば、確かに売上高や利益の拡大につながっていく。

　ただ、外部の企業へのサービスの提供をあまりに重視しまうと、その外部企業の要望にできるだけ応えようとするあまり、業務を効率化してコストを削減しようというシェアードサービスの本来の目的が薄らいでしまい、かえってコストアップになってしまう、といったことも起こるようである。

　このように、「せっかく売上高を伸ばす機会があるのにもったいない」という発想には、注意が必要だ。必要以上に売上高を追いかけることは、かえって中長期的には利益を減らしてしまう可能性もある。

164　第7章 「もったいない」という考え方

ファーストリテイリングの財務諸表分析 （2017年8月期） （しまむらと比較しながら）

連結損益計算書

（百万円）

	金額	%
売上高	1,861,917	100.0
売上原価	952,667	51.2
売上総利益	909,249	48.8
販売費および一般管理費	725,215	38.9
うち広告宣伝費	70,937	3.8
うち人件費	252,520	13.6
うち設備関係費用	213,722	11.5
その他の収益	6,947	0.4
その他の費用	14,567	0.8
営業利益	176,414	9.5
金融収益	19,917	1.1%
金融費用	2,932	0.2%
税引前利益	193,398	10.4%
法人税等	74,118	4.0%
当期純利益	119,280	6.4%

　ファーストリテイリングの連結損益計算書を見てみると、売上高は日本のアパレル業界で最大の1兆8,619億円と、業界2位のしまむらの5,655億円（2017年2月期）の3倍以上となっている。また、売上高総利益率は48.8％（小売りをベースにするしまむらは33.2％）と高い。これは比較的原価の低いアパレル事業がベースであり、さらに製造小売といわれるSPA（Speciality Store Retailer of Private Label Apparel：自社ブランド衣料品の専門小売業）、つまり製品の企画から製造、また店舗での販売までを一貫して行うビジネスモデルを採用しているためである。

　また、売上高営業利益率も9.5%（しまむらは8.6%）とアパレルの製造販売を行う企業の中では高い水準にある。ただ、2010年8月期の16.2%と比較すると低い水準にあり、もう少し高められる実力はあると同時に、またその水準まで戻すことが課題といえそうだ。

　また、販売費および一般管理費の内訳を見ると、小売業であるため、広告宣伝費は3.8%（しまむらは2.5％）と一定額を使っている。ただ、人件費は

事業の撤退や在庫の廃棄は本当に損なのか？ 　165

13.6％（しまむらは9.5％）、店舗などの設備関係費用は11.5％（しまむらは5.4％）と、これらの部分には、しまむらに比較して大都市圏での便利な場所にある店舗も多いため、比較的多くのコストがかかっている。また、IFRSを採用している関係で、店舗などの減損損失がその他の費用に含まれて営業利益に影響を与えている。

　金融収益は為替差益などによって若干多くなっている。当期純利益率は法人税率が約40％分差し引かれて6.4％となっている。

連結貸借対照表　　　　　（百万円）

	金額	％		金額	％
流動資産	1,077,598	77.6	流動負債	311,421	22.4
うち金融資産	720,497	51.9	うち仕入債務	204,008	14.7
うち売上債権	48,598	3.5	うち借入金・社債	17,927	1.3
うち棚卸資産	289,675	20.9	非流動負債	315,022	22.7
非流動資産	310,888	22.4	うち借入金・社債	273,467	19.7
有形固定資産	136,979	9.9	負債合計	626,443	45.1
無形固定資産	52,780	3.8	資本	762,043	54.9
投資その他の資産	121,126	8.7	うち利益剰余金	698,584	50.3
資産合計	1,388,486	100.0	負債・資本合計	1,388,486	100.0

　連結貸借対照表を見てみると、流動資産の中の金融資産が資産全体の51.9％（しまむら39.8％）となっているのに対して、借入金・社債は全体で21.0％（しまむら0.0％）と少なめであり、実質無借金の状況にある。さらに資本（純資産）が54.9％（しまむら87.3％）と、一般事業会社で一般的な30～40％と比較してかなり高くなっており、財務的な安全性はかなり高い水準にある。なお、財務的な安全性が高いのはしまむらも同じだ。

　また、資産の内訳を見ると、前述のように金融資産は比較的あるが、現金商売がベースの小売業であるため売上債権は3.5％とかなり少ない。一方でSPA、つまり製品の企画から製造、また店舗での販売までを一貫して行うビジネスモデルを採用しているため、棚卸資産は20.9％とそれなりに保有している。その結果、金融資産と棚卸資産が多い関係で流動資産は77.6％（しまむら54.8％）と全体の約80％を占めている。

　一方で、有形固定資産は9.9％（しまむら34.5％）とかなり小さく、SPAとい

う仕組みを採用しながらも、製造は協力工場に外注し、物流も外部に委託しているという「持たない経営」を採用していることが表れている。なお、無形固定資産は3.8%（しまむら0.3%）と小さめであり、過去セオリーなどの買収は行ってきているものの、企業規模からするとあまり大きな企業買収は行っていないようだ。

また、投資その他の資産は8.7%（しまむら10.5%）とそれほど多くはない。この傾向はしまむらも類似しているが、地方や郊外を中心に店舗を保有しているため有形固定資産が多くなっている。

運転資本の回転期間 （日）

売上債権回転期間	10
棚卸資産回転期間	111
仕入債務回転期間	78

運転資本を見てみると、前述のように、売上債権3.5%、棚卸資産20.9%、仕入債務14.7%と売上債権は比較的少なく、また回転期間で見ると10日、111日、78日と現金商売がベースの小売業ということで、売上債権はかなり短くなっている。なお、しまむらの回転期間は、2日、44日、18日と全体的にかなり短くなっている。売上債権が短いのは、小売業の特徴であるが、棚卸資産に大きな違いがあるのは、前述のようにファーストリテイリングがSPAモデルを採用し製造小売というビジネスモデルを採用しているため、小売業であるしまむらよりも長くなることが理由であろう。

また、仕入債務の日数にも違いがあるが、製造小売の企業として衣料品の原反を購入するファーストリテイリングと、小売業として完成した商品を購入するしまむらとの間で、サプライヤー、取引条件などに違いがある結果と考えられる。ただ、棚卸資産の圧縮や早期支払いによるさまざまなメリット確保の面では、しまむらが優位にあるともいえそうだ。

事業の撤退や在庫の廃棄は本当に損なのか？　167

連結キャッシュフロー計算書　　（百万円）

営業活動からのキャッシュフロー	212,168	100.0%
投資活動からのキャッシュフロー	122,790	57.9%
うち定期預金の減少	168,337	
うち有形固定資産の取得による支出	-33,600	
うち子会社株式の取得	0	
財務活動からのキャッシュフロー	-50,836	-24.0%
うち配当金の支払い	-34,671	
うち自社株買い	0	
合計	284,122	

　連結キャッシュフロー計算書を見ると、営業活動からのキャッシュフローは約2,122億円のプラスとかなり稼いでいるが、投資活動は定期預金の解約が約1,683億円あった関係で約1,228億円のプラスとなっている。ただ、事業関係の投資として設備投資336億円を行なっており、これは営業活動のキャッシュフローの15％程度と、この時期は儲けに比較して投資が少なめとなっている。また、財務活動では配当約347億円を中心に508億円を使っており、定期預金の解約はあるものの、それを除くと実質的には安定ステージにある企業の典型的なパターンになっている。

　また、IFRSに会計基準を変更して以降の売上高の4年間の年平均成長率であるCAGRは13.0％と、海外ユニクロ事業（4年CAGR:29.6%）、グローバルブランド事業（4年CAGR:13.3%）を中心に、高い成長率を確保している。また、国内ユニクロ事業（4年CAGR:4.4%）も少子高齢化という逆風の中でもプラスの成長率を確保している。これは、国内中心に事業展開を行うしまむらの4年CAGR3.5%をやや上回る水準であり、国内市場でもかなり善戦していることを意味している。ただ、今後の継続した成長のためには、EC（ネット販売）販売比率を30%まで高めるという目標の実現に向けて、その方向性を加速する必要もありそうだ。

セグメント情報 （百万円）

	売上高	営業利益	売上高 営業利益率（%）
国内ユニクロ事業	810,734	95,914	11.8%
海外ユニクロ事業	708,171	73,143	10.3%
グローバルブランド事業	340,143	14,043	4.1%
その他	2,868	285	9.9%
調整額	0	-6,972	—
合計	1,861,917	176,414	9.5%

　セグメント情報を見てみると、しまむらの海外売上高が1.1%にとどまる中で、ファーストリテイリングは、海外ユニクロ事業の売上高がアジア、オセアニア、欧州なども含めて成長し、国内ユニクロ事業の売上高の約90%の規模まで拡大してきており、売上高営業利益率も拮抗する水準となっている。ただ、グローバルブランド事業（ジーユー、セオリーなど）は成長しているものの、売上高営業利益率は国内および海外のユニクロ事業の半分以下となっており、この収益力改善もポイントになりそうだ。

　では、ファーストリテイリングとしまむらのROEを比較してみよう。

ROE　＝　売上高当期純利益率　×　総資産回転率　×　財務レバレッジ

ファーストリテイリング（2017年8月期）
　16.3%　＝　　　　6.4%　　　×　　　134%　　×　　　190%

しまむら（2017年2月期）
　9.9%　＝　　　　5.8%　　　×　　　149%　　×　　　115%

　これを見るとわかるように、ファーストリテイリングのROEは日本の上場公開企業の平均的な水準であるしまむらよりもかなり高めとなっている。デュポンシステムによる分解結果を見ていくと、売上高当期純利益率は2社とも6.4%、5.8%と比較的高めであるが、ファーストリテイリングがやや高い。

事業の撤退や在庫の廃棄は本当に損なのか？　169

総資産回転率は2社とも134%、149％と比較的高めとなっている。ただ、ファーストリテイリングは資産の約50％が、またしまむらは資産の約40％がそれぞれ金融資産であることを考えると、実際に事業に使っている資産ベースで計算した総資産回転率は2社とも250％程度になり、大量販売の小売業に多い150〜250％と比較しても高いレベルとなっている。

　これは、ファーストリテイリングの場合はSPAというビジネスモデルを採用しながらも、製造や物流を外注することで有形固定資産を圧縮するなど、一部で「持たない経営」という方針が採用されている結果と考えられる。また、しまむらの場合も、値引きや店舗間移動をはじめとするさまざまな在庫圧縮の仕組みや、店舗の建物などの設計効率化による有形固定資産の圧縮の結果と考えられる。

　財務レバレッジは、ファーストリテイリングは社債・借入金が比較的少なく、しまむらは社債・借入金がほとんどなく、2社とも実質無借金経営であるため、一般事業会社の平均的な水準である300％前後をかなり下回り、財務的な安全性は非常に高くなっている。

参考文献

・西山茂（2009）『戦略管理会計改訂2版』ダイヤモンド社.
・「断捨離　やましたひでこ　公式サイト」
　（https://yamashitahideko.com/）
・有価証券報告書（㈱ファーストリテイリング、㈱しまむら）
・事業報告書（㈱ファーストリテイリング）
・㈱ファーストリテイリングホームページ（http://www.fastretailing.com/jp/）
・㈱しまむらホームページ（https://www.shimamura.gr.jp/shimamura/）・
・健菜クラブホームページ（http://www.kensai.co.jp/company/）

第8章

キャッシュ
フロー
の重視

第**8**章 **キャッシュフローの重視**についての問い

キャッシュフローの目標設定と数字活用のポイントは何か？

「キャッシュフローを重視しよう」「キャッシュフローの拡大を目指す」「キャッシュフロー経営を実践していく」など、キャッシュフローという言葉がビジネスの中でよく使われている。確かに、企業が破たんするかどうかはキャッシュがあるかどうかで決まる。その意味で、キャッシュの動きを意味するキャッシュフローがどうなっているかは重要なポイントの1つだ。

また、株主をはじめとする投資家は、企業の儲けをキャッシュフローをもとに見る傾向が強い。その意味で、株主からの評価を高め、株価を高めていくためには、キャッシュフローを増やしていくことが重要になる。

ただ、そのためには、キャッシュフローの目標をどのように設定したらよいのだろうか。また、キャッシュフローの数字をどのように活用したらよいのだろうか。

日立製作所が設定したキャッシュフローベースの財務目標

　川村隆氏、中西宏明氏のリーダーシップのもとで大きな改革を行い、金融危機後の業績不振を乗り越え見事に復活した日立製作所。その過程で日立はいくつかの財務目標を活用しているが、その中にキャッシュフローベースの目標も含まれている。具体的にどのような目標だったのであろうか。

　大改革の際にまず設定されたのが2012中期経営計画である（2010年5月31日発表）。この中では、まず売上高10兆5,000億円（2009年度は約9兆円）、営業利益率5％超（2009年度は2.3%）、当社に帰属する当期純利益2,000億円台の安定確保（2009年度は-1,069億円）といった売上高の拡大や収益性の改善に関連する目標が設定されている。それに加えて、財務体質の強化を意味するD／Eレシオ（借り入れを意味するDEBTと純資産を意味するEQUITYの比率）0.8倍以下（2009年度は1.04倍）、株主資本比率20％（2009年度は14.4%）といった目標も掲げられている。さらに、財務体質の強化の具体的な中身として、総資産の圧縮、有利子負債の削減と並んで、フリーキャッシュフローの黒字継続という目標も掲げられている。

　このうち、フリーキャッシュフローの黒字継続は、事業の儲けの中で投資を行い、投資まで含めた事業からプラスのキャッシュフローを継続して生み出す、という意味の目標である。これは、同時に掲げられている有利子負債の削減という目標を達成するために、事業からの儲けを高め、投資を抑制し、資金を確保するという方針に沿った目標だと考えられる。まさに財務体質の強化を実現するための具体的な目標であったといえる。

　一方で、業績回復後の、2018年度を最終年度とする「2018中期経営計画」（2016年5月18日発表）の財務目標はどうなっているのであろうか。その目標の中でも、売上高は2015年度実績と横ばいの10兆円、調整後営業利益率[注]8%超（2015年度は6.3%）、ROA5%超（2015年度は2.6%）、海外売上高比率55%超（2015年は度48%）といった目標に加えて、キャッシュフローに関する目標が掲げられている。

（注）日立製作所は2014年3月期までは米国会計基準をもとに、また2015年3月期以降はIFRSをもとに、それぞれ決算書を作成している。米国会計基準やIFRSでは、日本の会計基準では営業利益の計算に含まれないものがいくつか含まれている。したがって、日本の会計基準での営業利益と同じような利益を計算するために、以下のように計算した調整後営業利益というものを計算し公表している。
調整後営業利益＝売上収益－売上原価－販売費および一般管理費

キャッシュフローの目標設定と数字活用のポイントは何か？　173

日立製作所の財務目標の推移

＊は財務の強化につながる目標。2012年目標には3つあったが、2015年目標では1つになり、2018年目標ではなくなっている。

2012年中期目標（＊は財務の強化につながる目標。2015年、2018年の目標には含まれていない）

売上高	10兆5000億円（2009年度8兆9,685億円）
営業利益率	5％超（2009年度2.3％）
当社に帰属する当期純損益	2000億円台の安定的確保（2009年度-1,069億円）
＊ D/Eレシオ	0.8倍以下（2009年度1.04倍）
＊ 株主資本比率	20％（2009年度14.4％）
海外売上高比率	50％超を目標（2009年度41％）
国内人員数	21万7,000人（2009年度23万1,000人）
海外人員数	16万1,000人（2009年度12万9,000人）
＊ フリーキャッシュフロー	黒字継続

2015年中期目標

売上高	10兆円（2012中期3年平均9兆3,409億円）
EBIT（営業利益）率	7％超（2012中期3年平均4.9％）
当社株主に帰属する当期純利益	3500億円超（2012中期3年平均2,537億円）
1株当たり当社株主に帰属する当期純利益	70円超（2012中期3年平均55円）
＊ 製造・サービス等株主資本比率	30％超（2012年度末23.2％）
サービス売上高比率	40％超（2012年度実績30％）
海外売上高比率	50％（2012年度実績41％）
国内人員数	20万人（2012年度実績20万8,000人）
海外人員数	15万人（2012年度実績11万8,000人）

2018中期経営計画

売上収益	10兆円（2015年度実績10兆343億円）
調整後営業利益率	8％超（2015年度実績6.3％）
EBIT率	8％超（2015年度実績5.3％）
親会社株主に帰属する当期利益	4000億円超（2015年度実績1,721億円）
フロント売上比率	40％（2015年度実績36％）
海外売上比率	55％超（2015年度実績48％）
営業キャッシュフローマージン	9％超（2015年度実績8.6％）
ROA（総資産当期純利益率）	5％超（2015年度実績2.6％）

注）フロントは、サービスを開発提供する部門

具体的には、営業キャッシュフローマージン9%超（2015年度は8.6%）とい
う目標だ。この営業キャッシュフローマージンは、投資を除いた事業からの
キャッシュフローである営業活動からのキャッシュフローを売上高で割って計算
したものである。具体的にはキャッシュフローベースで計算した本業の利益率の
ようなものであり、キャッシュ利益率とも呼ばれている。

　つまり、投資を除いた事業からのキャッシュフローベースでの収益率を一定
水準で確保することを財務目標の1つとしており、投資を抑制するような方向の
目標は掲げてないのだ。これは、成長事業への投資として3年間の総額で1兆
円の投融資を行うという目標とも方向性が合致している。

　このように、この段階では、厳しい状況からの復活を目指す2012中期経営
計画の中で設定していた「投資を抑制することを含むフリーキャッシュフローの
黒字」といった文言はなく、収益力を高めることで成長のためのキャッシュを確
保することを意識した目標になっている。

　この日立製作所の例からもわかるように、キャッシュフローに関する目標は、
企業の裏付けのある儲けの目標として有効であると同時に、企業の置かれてい
る状況に合わせて使い分けていくことも重要になる。特に、一部の企業が使う
ことがあるフリーキャッシュフローのプラスという財務目標は、一般に財務の強
化が必要な場面で設定されるものであるといえそうだ。

キャッシュフローの目標設定と数字活用のポイントは何か？　175

常識50

キャッシュフローは
企業活動の客観的なモノサシ

▶キャッシュフローは、キャッシュの流れのことであり、企業の活動を表す
　客観的なモノサシとして重要である。

　キャッシュフローとは、お金の流れのことである。また、企業の活動を表す客観的なモノサシである。

　「Profit is opinion, Cashflow is fact.（利益は意見、キャッシュフローは事実）」という言葉があるように、企業の儲けの代表的なモノサシである利益は、それを集計する際に、会計基準に関係したいろいろな判断が入る傾向があるため、企業が選択した意見のような側面がある。それに対してキャッシュフローはまさにキャッシュの動きという事実に基づいているので、客観的でもある。

　キャッシュフローを拡大していくことは重要である。また、企業の毎年の業績を見ていくときに、キャッシュフローの動きに注目することは、企業の実際の活動の状況を理解する面から重要である。

常識51

キャッシュフロー計算書と
各キャッシュフローの一般的な傾向

▶ キャッシュフロー計算書は、企業のキャッシュの動きを事業の儲けに関係する営業活動、投資に関係する投資活動、資金提供者とのやりとりに関係する財務活動の3つに区分して集計している。

　キャッシュフローにはいくつかの種類がある。まず、代表的な財務諸表の1つであるキャッシュフロー計算書には、3つのキャッシュフロー、つまり営業活動からのキャッシュフロー、投資活動からのキャッシュフロー、財務活動からのキャッシュフローが集計されている。

　このうち、営業活動からのキャッシュフローは、事業から生み出すことができたキャッシュフローのことである。ただ、設備投資などの投資に関連するキャッシュフローは、投資活動からのキャッシュフローに含まれるため、ここには投資を除いた事業の成果という意味でのキャッシュフローが集計されている。なお、営業活動からのキャッシュフローは、事業から儲けている会社が多いため、通常はプラスとなっている。

　投資活動からのキャッシュフローは、設備投資や買収といった事業関係の投資や、国債や社債の購入といった財務関係の投資に関係するキャッシュフローである。ここには、設備投資や買収、社債や国債の購入といったキャッシュが出ていくケースだけではなく、設備や事業の売却、社債や国債の売却といったキャッシュが入ってくるケースも含まれている。なお、投資活動からのキャッシュフローは、一般に投資を行いキャッシュが出ていくケースのほうが多いため、通常はマイナスとなっている。

　最後が財務活動からのキャッシュフロー。これは企業に資金を出している株主、あるいは銀行や社債の保有者といった資金を貸している債権者との間でのキャッシュのやり取りに関連するキャッシュフローである。

キャッシュフローの目標設定と数字活用のポイントは何か？　177

具体的には、株主との間では、企業からキャッシュが出ていく配当や自社株買い、また企業にキャッシュが入ってくる増資がある。銀行や社債の保有者との間では、企業からキャッシュが出ていく借入金の返済や社債の償還（返済）、逆に企業にキャッシュが入ってくる借入金の増加や社債の発行などがある。

　一般に財務活動は、企業の成長ステージによってプラスになるかマイナスなるかが違ってくる。通常、安定期にある場合は、営業活動での稼ぎも多く、投資活動についても投資をそれほどする必要がないので、資金に余裕が出てくる傾向が強い。そのため財務活動では配当や自社株買い、また借入金や社債の返済といった形でキャッシュが出ていく傾向が強くなり、マイナスになりやすい。

　一方で、成長期にある場合は、営業活動での稼ぎはあっても、投資活動の中で成長のために大きな投資をすることが多く、資金が不足する傾向が強くなる。そのため、財務活動では、増資、あるいは借入金の増加や社債の発行といった形でキャッシュが入ってくることが多く、プラスになりやすい。このように、財務活動のキャッシュフローは、安定期はマイナス、成長期はプラスとなる傾向が強い。

図表8-1 キャッシュフローの動きと、企業の状況

営業活動からのキャッシュフロー…… 事業で儲けたキャッシュフロー
　　　　　　　　　　　　　　　　　通常はプラス

投資活動からのキャッシュフロー…… 事業や財務の投資に関連するキャッシュフロー
　　　　　　　　　　　　　　　　　通常はマイナス

財務活動からのキャッシュフロー…… 企業と資金提供者（株主や債権者）と
　　　　　　　　　　　　　　　　　のやり取りに関連するキャッシュフロー
　　　　　　　　　　　　　　　　　成長ステージによってプラス、マイナスが変わる

	安定期	成長期	リストラ期
営業活動	＋＋	＋	＋
投資活動	－	－－	0 or ＋
財務活動	－	＋	－－
	（配当 or自社株買い）	（増資 or 債務の増加）	（債務圧縮）

常識52

営業活動のキャッシュフローに表れる企業の危機

> ▶営業活動のキャッシュフローのマイナスは、危機的状況を意味している
> 場合が多い。

　一般に、営業活動からのキャッシュフローのマイナスは、当期純利益の赤字よりもより厳しい状況を表しているので注意が必要である。なぜなら、営業活動からのキャッシュフローは、税金等調整前当期純利益（海外では当期純利益）をスタートとして、減価償却費などのその年にキャッシュの支払いがない費用を足し戻して（取り消して）集計されている。したがって、多くの企業では減価償却費がそれなりの金額になっている場合が多いため、営業活動からのキャッシュフローは税金等調整前当期純利益（あるいは、当期純利益）よりもかなり大きな数字になることが一般的である。

　ということは、営業活動のキャッシュフローがマイナスの場合は、利益をベースにして減価償却費を取り消したとしてもマイナスということであり、減価償却費を差し引いたうえで計算される利益の赤字よりもかなり厳しい状態にあることを意味していると考えられる。

　たとえば、一時重大な経営危機に陥り、台湾の鴻海精密工業グループによる出資（2016年8月）によって復活してきているシャープについて、経営危機の時期の利益と営業活動のキャッシュフローの状況を見てみると、次の表のようになっている。

キャッシュフローの目標設定と数字活用のポイントは何か？　　179

シャープの財務数値（百万円）

	経常利益	親会社株主に帰属する 当期純利益	営業活動による キャッシュフロー
2013年3月期	− 206,488	− 545,347	− 81,075
2014年3月期	53,277	11,559	198,984
2015年3月期	− 96,526	− 222,347	17,339
2016年3月期	− 192,460	− 255,972	− 18,866
2017年3月期	25,070	− 24,877	127,231

　この表の数字を見てわかるように、シャープの営業活動のキャッシュフローは、経常利益、親会社株主に帰属する当期純利益を5年間ともいずれも上回っている。また、2013年3月、2016年3月の営業活動のキャッシュフローはマイナスとなっており、これは事業からキャッシュが稼げておらず、投資活動のキャッシュフローに含まれるいろいろな投資や、財務活動のキャッシュフローに含まれる借入金や社債の返済などをする余裕がまったくなかったことを意味しており、かなり厳しい状況にあったことを表している。

　このように、営業活動からのキャッシュフローのマイナスは、当期純利益の赤字よりも質が悪く、危機的な状況を表しているので注意が必要である。

　ただ、例外として、成長期の企業の営業活動のキャッシュフローのマイナスは必ずしも問題とは言えない。なぜなら、売上高や利益が拡大する中で、売掛金や棚卸資産といった運転資本が増加してしまい、営業活動からのキャッシュフローがマイナスになることがあるからだ。その場合は、そのマイナスを財務活動からのキャッシュフローである借入金や増資でカバーできれば問題ないことになる。

常識53

フリーキャッシュフローは
株主や債権者への分配原資

▶フリーキャッシュフローは、自由に使えるキャッシュフロー、具体的には株主
や資金を貸している銀行などに自由に分配できるキャッシュフローのことで
ある。安定期、リストラ期はプラスが望ましいが、成長期はマイナスでも
構わない。また、投資をどこまで含めるのかなど、実際の計算にはいくつ
かの考え方がある。

　キャッシュフロー計算書に集計されている3つのキャッシュフローとは別に、「フ
リーキャッシュフロー」というものがある。これは、もともとは自由に使えるキャッ
シュフローを意味している。ただ、より具体的には企業に資金を出している株
主あるいは銀行や社債保有者といった債権者に、自由に分配できるキャッシュ
フローのことを意味している。

　別の言い方をすると、事業で儲けて、投資をしたうえで残ったキャッシュフ
ローが、配当や借入金返済の原資として株主や債権者に分配できるキャッシュ
フローになるので、投資まで含めて事業として生み出すことができたキャッシュ
フローがフリーキャッシュフローだ、ということもできる。

　フリーキャッシュフローは、安定期やリストラ期はプラスであることが望まし
い。プラスであれば株主還元の原資、またリストラ期は借入金や社債の返済原
資が確保できるからだ。一方で、成長期はマイナスでも構わない。成長するた
めには儲けた金額以上の投資をしなければならないケースもあるからだ。このよ
うに、フリーキャッシュフローがプラス、マイナスのどちらであることが望ましいの
かは、企業の状況によって違ってくる。

　なお、フリーキャッシュフローを計算する場合の投資の範囲については、2つ
の考え方があるようだ。1つはその年に行うすべての事業関係の投資を含める
という考え方、もう1つは、現在の状況を維持するために必要な投資だけを含

キャッシュフローの目標設定と数字活用のポイントは何か？　181

めるという考え方である。

　前者は、フリーキャッシュフローはすべての投資を行ったうえで、まさに事業から生み出されたキャッシュフローという意味になる。

　後者は現状維持のための投資だけをフリーキャッシュフローに含めるので、そのフリーキャッシュフローの使い道としては、借入金などの返済、株主への還元、といった資金提供者への分配だけでなく、事業拡大のための投資も加えた3つになる。つまり、これは現在の事業の状況をそのまま継続していくとした場合に事業から生み出せるキャッシュフローという意味になり、これは、拡大投資、借入金の返済、株主還元に使えるキャッシュフローという意味になる。

　どちらの考え方が正しいということはないので、状況に応じて使い分けしていただければいいと思う。

　なお、キャッシュフロー計算書の中で、営業活動からのキャッシュフローと投資活動からのキャッシュフローの2つを合計したものとしてフリーキャッシュフローを計算することがある。日立製作所はそのような数字を集計している1社である。ただ、投資活動の中には財務関係の投資も含まれていることを考えると、事業から生み出されたキャッシュフローという意味では、投資活動からのキャッシュフローの中から事業関係の投資に関係するものだけを集計して営業活動からのキャッシュフローと合計したほうがいいのではないか、という見方もある。

182　第8章 キャッシュフロー の重視

常識54
事業や企業価値の評価と
キャッシュフロー

▶フリーキャッシュフローは事業や企業価値の評価の尺度になる。投資家が事業や企業を評価する際には、フリーキャッシュフローの将来予測が評価のベースになる。

フリーキャッシュフローは、事業投資プロジェクトの評価の中でよく使われるNPV法やIRR法、また企業価値や株価の評価の代表的な方法の1つであるDCF法を利用する際に、事業からの儲けの将来予測のベースとして使われている。

なお、ここでいうNPV（Net Present Value：正味現在価値）法は、現在の価値でいくら儲かるか、つまり儲けの金額をベースに評価をする方法である。また、IRR（Internal Rate of Return：内部収益率）法は、年平均で何％儲かるか、つまり投資効率の良さをベースに評価する方法である。さらに、DCF（Discounted Cash Flow）法は、企業が将来、事業から生み出すと見込まれるフリーキャッシュフローを、現時点での価値に割り引いて（Discounted）価値を計算していく方法である。

これらのすべての方法の中で使われるフリーキャッシュフローも、事業から生み出したキャッシュフローということで、投資まで含めて事業から生み出したキャッシュフローを使っていく。

ただ、この場合に使われるフリーキャッシュフローは、まさに事業から生み出すキャッシュフローという意味で、営業利益からスタートして計算したり、その事業に関連する投資だけを投資として差し引くなど、かなり厳密に集計していく。したがって、キャッシュフロー計算書をもとに、営業活動からのキャッシュフローと投資活動からのキャッシュフローを合計して計算したものとは若干内容が違ってくる。

キャッシュフローの目標設定と数字活用のポイントは何か？ 　183

このように、同じフリーキャッシュフローでも具体的にはいくつか違ったものがあるので、注意することが必要である。

図表8-2 フリーキャッシュフローの計算方法（事業や企業価値の評価で使うもの）

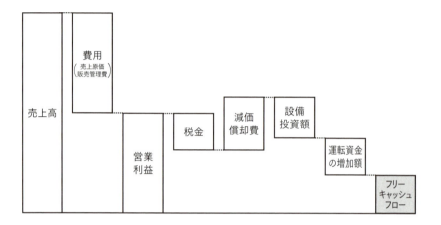

図表8-3 DCF法における「割り引き」

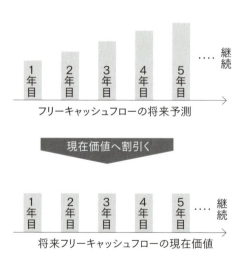

常識55

投資プロジェクトを
評価する場合のポイント

▶ フリーキャッシュフローを使った投資プロジェクトの代表的な評価方法と
して、現在価値でいくら儲かるかで評価するNPV法、年平均何パーセ
ント儲かるかで評価するIRR法、投資額がどの程度の期間で回収でき
るかで評価する回収期間法という3つがある。ただ、そのポイントは、フ
リーキャッシュフロー予測の前提の現実感の高さにあり、シミュレーショ
ンも重要になる。

　投資プロジェクトの評価をする場合の最初のポイントは、これまで見てきた将
来のフリーキャッシュフローの予測を作成することである。その次のポイントが、
金銭の時間的価値を考えること。これは、今年稼ぐ1億円のフリーキャッシュフ
ローの予測と1年後に稼ぐ1億円のフリーキャッシュフローの予測の間の価値の
違いを反映することである。

　具体的には、早めに稼いだ場合にそれを預金しておけば稼げる金利や、今
年の稼ぎの予測のほうが将来の稼ぎの予測に比較して一般に確実性が高い
（リスクが低い）ことを考えると今年の1億円のほうがより価値がある、といった
考え方である。

　この金利とリスクをもとに、1年間で発生する価値の違いを表すものを割引率
と呼んでいる。ただ、実際には第2章の常識16で説明したWACCが割引率に
なる。このWACCは、資金を出している投資家が毎年期待している儲けの率
のことである。投資家の立場からすると、1年間でWACCの比率程度の儲け
が加わらないと「儲けが出ている」とは言えないことになる。ということは、逆
に投資家の立場から見ると、1年後の儲けはWACCの比率の分だけ目減りして
いるように見えるのでWACCで割り引いていくのである。

　このような考え方をもとに投資プロジェクトの評価を行っていくが、その代表

キャッシュフローの目標設定と数字活用のポイントは何か？ 185

的な方法は、前述のような金額で評価するＮＰＶ法、パーセントで評価するIRR法、投資の金額が何年間の儲けで回収できるかをもとに評価する回収期間法の3つである。

なお、NPV法、IRR法、回収期間法のいずれも、最も重要なポイントはフリーキャッシュフローの将来予測である。将来予測をどう設定するかで、大きく結果が変わってしまう。もちろん完璧な予想は不可能であるが、市場の動向、競合の状況、自社の優位性などを十分に考えてできるだけ精度の高い予測を作成することが必要になる。

さらに、楽観、ベース、悲観といった3つ程度のシナリオをもとにいくつか予測を作成してシミュレーションを行ったり、販売数量など予測が難しい数字について、それが良い方向に行った場合と悪い方向にいった場合で数字を入れ替えて結果をみていく感応度分析（センシティビティアナリシス）を行うことも意味がある。

常識56

NPV法は「現在の価値で いくら儲かるか」で評価する

▶NPV法は現在価値でいくら儲かるか、つまり儲けの金額で評価する方法である。NPVの結果がプラスの場合には実行、マイナスの場合には却下することになる。いくつかの投資プロジェクトを比較する場合は、NPVのプラスの金額がより大きいほうがより望ましいプロジェクトになる。

図表8-4 NPVの事例（割引率が10%の場合）

	0年目	1年目	2年目	3年目
フリーキャッシュフロー①	-100	30	40	60
現価係数②	1	$1/(1.1)^1$	$1/(1.1)^2$	$1/(1.1)^3$
	1	0.909	0.826	0.751
現在価値（①×②）	-100	27.3	33.0	45.1

合計する

NPV 5.4

　NPV法は、投資に関連して発生するフリーキャッシュフローを予測し、それらをすべて現在価値に割り引いて合計し、その合計金額がプラスかどうかで評価する方法である。別の言い方で説明すると、NPV法は現在価値でいくら儲かるか、つまり儲けの金額で評価する方法である。

　具体的な事例でみてみよう。

　ここにあるように、最初の年（0年目）に100の投資をして、翌年（1年目）から2年目、3年目にかけて、それぞれ30、40、60の儲けが出るような投資プロジェクトがあったとする。ちなみに、投資の金額、また3年間の儲けはいずれ

キャッシュフローの目標設定と数字活用のポイントは何か？　187

もフリーキャッシュフローベースの数字である。ここで、割引率、つまり資金提供者が期待している儲けのレベルである資本コスト（WACC）が10％であった場合、この投資プロジェクトのNPVはどうなるのであろうか。

　まず各年のフリーキャッシュフローを現在価値に置き直していく。最初の年の100の投資は現時点で行うものなので、その金額が現在価値になる。したがって、投資なのでマイナスをつけた－100に、現在価値に置き直すために掛ける数字である現価係数「1」を掛けると、現在価値でも－100となる。

　次に、1年目の儲けである「30」は1年後に生み出されるものなので、10％で割り引いていく。ここで10％で割り引くということは、1＋10％（0.1）＝1.1で割ることを意味している。つまり、現価係数として、1／（1＋0.1）＝0.909を掛け合わせればいいことになる。計算してみると、30×0.909＝27.3が1年目の儲けである30の現在価値になる。

　次に、2年目の儲けは2年後に生み出されるものなので、10％で2回割り引くことになる。つまり、10％で割り引く場合の2年後の現価係数である1／（1＋0.1)^2＝0.826を掛け合わせて、現在価値は40×0.826＝33になる。同じように、3年目は、60の儲けに10％で3年間割り引く場合の現価係数1／（1＋0.1)^3＝0.751を掛け合わせて、現在価値は60×0.751＝45.1となる。

　そこで、計算された0年目から3年目までの現在価値を合計すると、－100＋27.3＋33.0＋45.1＝5.4ということで、5.4がNPVの結果になる。この5.4は、この投資プロジェクトを実行すると10％の割引率を前提とした場合、現在価値で5.4儲かることを意味しており、基本的に実行してよいプロジェクトということになる。

　このように、現時点での価値でいくら儲かるのかをもとに評価する方法がNPVであり、それがプラスの場合には実行、マイナスの場合には却下ということになる。また、いくつかの投資プロジェクトを評価する場合は、プラスの金額がより大きいほうが儲かる金額が大きいということで、原則としてより望ましいプロジェクトになる。

NPVでの評価方法

NPV>0　実行　中でもNPVの金額の大きいものがより望ましい。
NPV<0　却下

常識57

IRR法は
「投資効率の良さ」で評価する

▶IRR法は年平均で何パーセント儲かるか、つまり儲けの効率の良さで評価する方法である。IRRが資金提供者が期待している儲けの水準（WACC）を上回る場合は実行、下回る場合は却下することになる。

　IRR法は、投資に関連して発生するフリーキャッシュフローの予測を全体として見た場合、年平均で何パーセント儲かるか、つまり儲けの効率の良さで評価する方法である。

　実際に図表8-4と同じ投資プロジェクトのIRRを計算すると12.7％となる。つまり、年平均で見ると、この投資プロジェクトは毎年約12.7％ずつ儲かるようなプロジェクトであることを意味している。このIRRはエクセルなどを使えば計算することができる。

　ちなみに、IRRの場合は、資金提供者が期待している儲けの水準を意味するWACCを上回ることが必要になる。図表8-4の事例では、割引率が10％となっているが、この割引率は通常はWACCをベースにしているので、IRRの場合も割引率と同じ10％を儲けの最低基準として選別を行うことになる。つまり、この投資プロジェクトのIRRである12.7％は、基準となる10％を上回っているので、IRRをもとにすると、このプロジェクトは実行してもいいことになる。

　このように、IRR法は、年平均で何パーセント儲かるのかで評価する方法で

キャッシュフローの目標設定と数字活用のポイントは何か？　189

あり、その結果がWACCをもとに設定したパーセンテージとしての儲けの基準（ハードルレートと呼ぶことが多い）を上回る場合は実行、下回る場合は却下、ということになる。

IRRでの評価方法

IRR　＞　ハードルレート（WACC）　実行
IRR　＜　ハードルレート（WACC）　却下

なお、IRRを簡単にイメージしていただくために1つの例を挙げよう。最初の年に100の投資をして、1年目に10、2年目に10の儲けが出て、3年目に10の儲けと最初の投資100の合計110を回収できた場合、IRRは10％となる。つまり、投資額がきちっと最後に回収できて、その回収までの期間、ずっと毎年投資額である100の10％となる10の儲けが出続けるイメージである。IRR10％とは、これと同じ程度の儲けが出ることを意味しているのだ。

IRRが10%となる事例

	0年目	1年目	2年目	3年目
フリーキャッシュフロー	−100	10	10	110

常識 58

回収期間法は「投資額を回収できる期間」で評価する

▶回収期間法は、投資額がどの程度の期間の儲けで回収できるか、つまり投資の回収期間の長さで評価する方法である。事前に決めておいた回収期間の基準内で回収できる場合は実行、できない場合は却下することになる。いくつかの投資プロジェクトを比較する場合は、回収期間がより短いほうがより望ましいプロジェクトになる。

実際に図表8-4と同じプロジェクトを例にして回収期間法を見てみよう。

この投資プロジェクトの投資額100と儲けを比較してみると、最初の2年間の儲けの合計である70（＝30＋40）ではまだ投資額を回収できていない。3年目の儲けである60を加えると、3年間の儲けの合計は130（＝30＋40＋60）となり回収ができている。つまり、この投資プロジェクトの回収期間は3年となる。より細かく見ると、3年目の儲けの半分の30まで含めると回収ができているので、厳密には2.5年となる。

このように、回収期間法は、投資額を儲けで回収できる期間で評価する方法であり、回収期間がより短いもの、また事前に決めておいた回収期間の基準内で回収できるかどうかで評価する方法である。

ただ、回収期間法は、投資額の回収をもとに評価する方法なので、儲かることまでは考えていない。したがって、儲かる事業を選択するためには、NPV法やIPR法を併用することが必要になる。

キャッシュフローの目標設定と数字活用のポイントは何か？ 191

常識59

運転資本とCCC

> ▶キャッシュフローを生み出すためには運転資本である売上債権、棚卸資産、仕入債務をコントロールし、圧縮することが1つのポイントになる。その運転資本の状況を全体として把握するものがCCC（キャッシュ・コンバージョン・サイクル）である。

　キャッシュフローを生み出す、拡大する、といった場合、1つのポイントになるのが、売上債権（売掛金など）、棚卸資産（在庫）、仕入債務（買掛金など）といった運転資本の問題である。具体的には、販売した代金の未回収分である売上債権は少なく、つまり回収を早くすること、次にこれから販売する商品・製品、また製造中の仕掛品、製造前の原材料や部品については少なくすることが望ましい。一方で、購入した代金の未払い分である仕入債務は、仕入先に負担を与えない適度なタイミングで支払うことが望ましい。このような方向に向かうことで、日々の事業運営の中で、キャッシュフローが早めに生み出せる方向になっていく。

　また、最近は、この運転資本についてCCC（Cash Conversion Cycle：キャッシュ・コンバージョン・サイクル）が注目されている。これは、売上債権の回収期間に、棚卸資産の保有期間を加え、それから仕入債務の支払期間を差し引いて計算するものである。つまり、日々の事業の中で、どの程度の期間、キャッシュが縛られているか、つまり必要になっているかを表すものである。具体的には、以下のように計算する。

CCC ＝ 売上債権回転期間 ＋ 棚卸資産回転期間 − 仕入債務回転期間

　このCCCは、キャッシュフローを早く生み出すという観点からは、できるだけ

短くなっていることが望ましい。これは、売上債権の回収を早くし、棚卸資産の保有期間を短くし、仕入債務の支払いを適切なタイミングで行うという、前述の方向と同じである。

運転資本を圧縮する場合の死角

▶ 運転資本の圧縮やCCC（キャッシュ・コンバージョン・サイクル）の短縮化は、キャッシュフローの拡大のポイントではある。しかし、事業によっては、過度に行うとかえって業績の悪化につながる可能性もある。

運転資本を減らすことでキャッシュフローを早く生み出す方向については注意点もある。

まず売上債権については、ゆっくり回収することによって金利などの儲けが出るのであれば、ゆっくり回収するという選択肢が出てくる可能性がある。具体的には、分割払い、貸付などの金融事業を事業の柱の1つにするケースだ。実際に、自動車業界をはじめいくつかの業界では、金融子会社を立ち上げ、自社で製造販売したものについてのローンやリースを金融子会社で行っている。これによって、自動車の販売代金は形の上で早めに回収できてもそれが金融子会社のローンに振り替わるので、グループ全体としては回収がゆっくりになっていく。ただ、ローンの金利の儲けがあるので回収は遅くても構わない、という話になるのだ。

次に棚卸資産については、在庫を少なくしすぎると、販売したくても販売するものがない、といった商品の欠品が発生する可能性がある。若干の欠品はなかなか買えないということでかえって人気を高めることもあるが、通常は販売する機会を逃しているという負の面が大きいことが多い。このような点も考えて、在庫の適正レベルを考えることが必要になる。

さらに、最近ネットでの販売が増える中で、幅広い顧客からのかなり特殊であまり売れないような商品への需要を意味するロングテールの需要に対応することもビジネスとして成り立つようになっている。ただ、ロングテールの需要に応えていくためには、一般にいろいろな種類の在庫を保有する必要がある。したがって、在庫の圧縮は、ロングテールビジネスには基本的には向かないと考えたほうがよさそうである。ただ、ネット販売の場合は、いろいろな種類の商品や製品の保有者や製造者と連携することで在庫の保有が不要になることもある。このような視点で事業の仕組みを変更しながら在庫の圧縮を行うことも、検討の余地はある。

一方で仕入債務については、キャッシュフローを確保するという観点からはゆっくり支払うほうが望ましい。ただ、サプライヤーとの関係も考えて支払う期間を必要以上に伸ばさない、という視点も必要である。また、早く支払うことで、値引きを引き出したりサプライヤーから頻度の高い納入などの特別扱いをしてもらうといったメリットが期待できるのであれば、やや早めに支払うという選択肢も検討する余地はある。

このように基本的に運転資本は少なくCCCは短くすることが望ましいが、ビジネスモデルから一定の運転資本を抱える必要性があったり、また運転資本を減らさないことに何らかのメリットがある場合には、その必要性やメリットと運転資本を圧縮することのメリットをよく比較検討してバランスを取っていくという視点も重要だ。

常識61

運転資本がマイナスになる事業のメリットと死角

▶ 運転資本がマイナスの事業は、売上高が増加しているときは利益も
キャッシュフローも拡大して非常に良い状況になる。しかし、売上高が
減少するとキャッシュフローが急激に悪化する可能性がある。運転資本
がマイナスの事業は基本的に有利であるが、攻めには強いが、一方で
守りには弱い傾向があることには注意が必要である。

　特殊なケースではあるが、実質的に運転資本が必要なく、前述したCCCが
マイナスになる事業がある。1つは、旅行代理店などの前受金ビジネスだ。
JTBやHISのような旅行代理業の場合は、旅行の一定期間前に顧客から旅行
代金を預かり、そのあとでホテルや航空会社に代金を支払っている。そのた
め、運転資本が不要になり、CCCもマイナスとなっていく。

　また、顧客に商品を渡すと同時に代金を受け取る現金商売の事業も同じよう
なパターンになる。例えばクレジットカードが使えない安い外食店などでは、顧
客から食事をしたその場でキャッシュを受け取り、食材が中心となる在庫は基
本的に少ししか保有せず、一方で食材の購入代金は一定期間後にまとめて支
払うような契約になっていることが多い。そのため、やはり運転資本が不要にな
り、CCCもマイナスになる。

　さらに、支払いを比較的遅めにしている企業も同じような傾向になる。例え
ば、アマゾンは、クレジットカードでの販売により22日となっている回収期間
（売上債権回転期間）、本などの関係で31日となっている在庫の保有期間
（棚卸資産回転期間）に対して、支払期間（仕入債務回転期間）は68日と
なっている。そのため、やはり運転資本は不要になり、CCCもマイナスとなっ
ている（2016年12月期、回転期間はすべて売上高ベース）。

　このように、前受金などのキャッシュを事前に受け取るビジネス、現金商

キャッシュフローの目標設定と数字活用のポイントは何か？ 195

売、支払いが遅い仕組みは、運転資本を圧縮しキャッシュフローを早期に生み出すという意味では有利である。

またこのような仕組みの場合は、売上高が増加すると手元のキャッシュが増加するため、成長が重要なビジネスの場合は非常に有利になる。ただ、逆に運転資本がマイナスのビジネスは売上高が減少すると手元のキャッシュが一気に不足することになるので、守りに弱いことには注意が必要である。

具体的には、このような仕組みの場合は、売上高が伸びているときは、入金に比較して支払いが遅めになるのでどんどんキャッシュがたまっていく。つまり、売上高さえ伸ばせば利益もキャッシュもついてくるのだ。

ただ、逆に売上高が減少すると問題が発生する。売上高が減少すると、販売や受注に関係する入金が少なくなる一方で、支払いの方は売上高が大きかった時期に対応する大きな支払いが必要になってくる。その結果、キャッシュ不足が発生してしまうのである。このように、前受金ビジネスや現金商売、また支払いが遅い仕組みは、売上高が伸びているような攻めの状態には強く、売上高が減少しているような守りの状態には弱い傾向があるので注意が必要である。

常識62
成長期における
キャッシュフロー

▶キャッシュフローを重視しすぎると、先行投資やコスト投入がしにくくなる。特に成長期のステージでは、先行投資や先行コストの投入でキャッシュフローがマイナスになりやすいので、過度なキャッシュフロー重視は問題がある。

基本的には、企業は事業を行う中でキャッシュフローを早めに、またより多く

生み出していくことが望ましい。特に、キャッシュフロー計算書の中の営業活動からのキャッシュフロー、フリーキャッシュフローの2つは、プラスで拡大していくことが望ましい。

　ただ、事業のステージによっては、これら2つのキャッシュフローがマイナスであっても必ずしも問題ではないケースがある。具体的には、企業や事業が成長、拡大のステージにあるケースだ。

　成長期は、先行投資や先行したコスト投入によってキャッシュフローがマイナスに陥ることが多い。広告費や販促費などのコストが先行したり、また増加する売上高に対応するためにより多くの棚卸資産を保有したりするからだ。このため営業活動からのキャッシュフローが小さくなったり、場合によってはマイナスになったりすることがある。また、フリーキャッシュフローについても、事業の拡大のための設備投資などによって投資が大きくなり、大きなマイナスになってしまうケースが出てくる。

　したがって、成長期に過度にキャッシュフローを重視すると、十分な投資やコスト投入ができなくなる可能性があることには注意が必要である。もちろん、投資効率やコスト効率を考えたり、無駄なキャッシュは使わない、といった視点は重要であるが、成長期に投資や使うべきコストを投入することも必要である。

　このように、成長や拡大の時期には、キャッシュフローが小さくなったりマイナスになったりすることはやむを得ないと考えられる。つまり、成長や拡大の時期に、キャッシュフローのプラスを確保することを強調しすぎると、かえって先行的なコストを投入しにくくなったり、運転資本を増やさないために売掛金や棚卸資産を圧縮することで販売の抑制や欠品が発生したり、また設備投資が抑えられてしまうなど、かえって逆効果となる可能性もあることには注意が必要になる。

常識63

キャッシュフローと「一定期間の儲け」

> ▶キャッシュフローは、企業の活動の様子をキャッシュの動きをもとに客観的に表すことができる。ただ、一定期間の実質的な儲けを集計するという意味では、キャッシュフローはビジネスの実態を適切に反映しないこともあるため、必ずしも適切なモノサシとはならない。逆に、一定期間の儲けは、企業の活動の実態を表すためにいろいろな調整をして集計した利益のほうが適している。

　一定期間の企業の業績を適切に把握するという面からは、キャッシュフローは若干注意が必要になる。

　例えば、ある企業が5年使える設備を1億円でXXX1年に購入して、5年間同じように使って製品を製造販売し、毎年、設備の費用を除いて3億円の儲けを上げた場合を考えてみよう。この場合、キャッシュフローで業績を集計すると、XXX1年は設備投資のために5億円を支払うので、儲けである3億円から5億円を引いた△2億円という赤字となってしまう。一方で、XXX2年は設備投資がなくなるので、3億円が儲けになり、その後XXX5年までの3年間も同じように3億円の儲けが続いていく。つまり、同じ設備を使ってまったく同じように事業をやっていても、キャッシュフローで業績を集計すると、設備投資をしたXXX1年は2億円の赤字、それ以降のXXX2年からXXX5年までの4年間は3億円の黒字、といった大きなブレのある業績が集計されてしまう。

　一方で利益で業績を集計するとどうなるであろうか。ここで利益とは、その年の企業の活動の実状に合わせて本来であればこのくらいキャッシュがたまるような儲けを生み出したはずだ、という視点で集計されるものである。そのため、設備投資のために支払った5億円は、その設備が5年間毎年使われ徐々に傷んで価値が減っていくのに合わせて、その5年間にわたって割り振られるこ

198　第**8**章　**キャッシュフロー**　の重視

とになる。これを減価償却という。

　減価償却の方法にはいくつかのものがある。ここでは毎年同じ金額の減価償却費を集計する定額法を採用しているとしよう。その場合は、5億円の設備を5年間使うので、毎年の費用は1億円になる。そうすると、5年間の毎年の業績は、3億円から減価償却費の1億円を引いた2億円になる。つまり、利益で集計すると、5年間毎年同じ2億円の儲けが集計され、毎年同じように事業をやっていることが、まさに利益として表れてくるのである。

　さらに、キャッシュフローで集計すると、たまたま顧客からの入金が決算日になるか、その翌日になるか、また費用の支払いが決算日になるか、その翌日になるか、というように、入金や支払いのタイミングが少しずれただけで、大きく売上高や費用が変化してしまう。

　一方で、利益であれば、入金日、支払日に関係なく、製品や商品を顧客に引き渡した段階などで売上高を集計し（実現主義という）、費用は使ったという事実があればその段階で費用として集計する（発生主義という）ので、入金や支払いのタイミングがずれただけでは変化はなく、実態を反映した業績が集計される。

　このように、ある一定期間に、どのくらい儲けが出るような活動をしているのかを表わすという意味では、キャッシュフローよりも利益のほうがより適切ということができる。もちろん、利益については、先ほどのように、例えば費用の集計方法の違いによって利益が変わってしまうという側面もあることには注意が必要だ。ただ、一定期間の儲けを確認する場合には、利益を活用したほうがいい面もあることは理解しておくべきである。

キャッシュフローの目標設定と数字活用のポイントは何か？　199

常識64

ROICで資金提供者から見た
投資効率を測定する

> ▶ROICは、資金提供者から預かった資金に対して、どの程度の儲けを
> 生み出すことができたのかを毎年評価する比率のことである。ROICは
> 投資家の期待している儲けの率であるWACCを上回ることが必要にな
> る。このROICも毎年の業績を評価する指標なので、利益をベースにし
> ている。

　最近一部の企業が「毎年の」投資効率を表す財務比率の目標としてROIC
（Return On Invested Capital：投下資本利益率）を使うようになってきた。
これは「ロイック」または「アールオーアイシー」と呼ばれる。このROICでは、
儲けの尺度として、キャッシュフローではなく営業利益から税金を差し引いた
NOPAT（Net Operating Profit After Tax：税引後営業利益）が使われてい
る。

　ROICは株主や資金を貸している債権者（銀行や社債の保有者）が企業に
対して投資している金額に対して、事業の儲けをどの程度生み出しているか、
という率を計算したものである。また、株主や資金を貸している債権者が期待
している儲けの率を意味するWACCと比較し、資金の出し手から見て、十分
な儲けを上げているかどうかを確認するための指標でもある。またこれは、投
資家のことを意識している比較的先進的な企業が採用する傾向が強い指標で
ある。ただ、あくまでも1年間といった一定期間の投資効率を評価することを目
的にしているので、1年間の儲けを表すのであれば利益のほうがいいということ
から、キャッシュフローではなく利益を使っているのである。

常識65

キャッシュフローでは
見えないもの

> ▶減損損失など損失や費用の中には利益には影響してもキャッシュフローに影響しないものもある。そのような項目を確認するために、利益にも注目する意味はある。

　最近企業業績の大幅な悪化の要因の1つとして注目されている減損損失は、利益を集計するときに出てくるものであり、キャッシュフローには基本的に関係がない。したがって、キャッシュフローだけで業績を見ていくと、あまり意識されない可能性がある。

　ただ、減損損失が発生しているということは、企業が保有している土地や建物、また機械などの有形固定資産を使って行っている事業がかなり苦戦しており、今後の儲けから想定される価値や売却した場合の価値が、集計されている金額よりも大幅に下回っていることを意味している。また買収した際に営業力や技術力といった無形の価値を評価した金額である「のれん」の減損の場合も、買収した事業の業績が不振で、今後の儲けから想定される価値が集計されているのれんの金額を大きく下回っていることを意味している。

　減損損失は計算上の損失であり、その年度のキャッシュフローには影響はない。ただ、減損損失が出ているということは一部の事業が苦戦している、また今後それほど儲けられないといったことを意味しているので、情報として一定の重要性はある。

　このようにキャッシュフローは重要であり、それを重視することはもちろん大切であるが、一部の事業が苦戦しているといった情報を提供する減損損失などにも注意を払うという意味で、利益を見ていくことも重要である。

キャッシュフローの目標設定と数字活用のポイントは何か？　201

日立製作所の財務諸表分析 (2017年3月期)（パナソニックと比較しながら）

連結損益計算書

(百万円)

	金額	%
売上収益	9,162,264	100.0
売上原価	6,782,677	74.0
売上総利益	2,379,587	26.0
販売費および一般管理費	1,792,278	19.6
うち研究開発費	323,900	3.5
その他の収益	100,742	1.1
その他の費用	146,568	1.6
営業利益	541,483	5.9
金融収益	7,091	0.1
金融費用	73,392	0.8
受取利息	12,923	0.1
支払利息	19,014	0.2
税引前利益	469,091	5.1
法人税等	131,062	1.4
非支配株主持分損益	106,768	1.2
当期純利益	231,261	2.5

　日立製作所の連結損益計算書を見ると、売上高は9兆1,623億円（パナソニック7兆3,437億円）と日本の総合電機業界の中で最大の規模となっている。また、売上高総利益率は26.0％（パナソニック29.8%）と、製造業に多い20〜30%程度の範囲に入っている。売上高営業利益率は5.9%（パナソニック3.8%）とあまり高くはないが、パナソニックを上回っており、それなりの水準は確保している。

　販売費および一般管理費の内訳を見ると、研究開発費は売上高の3.5％（パナソニック5.9%）と、自動車関連、情報通信などの事業とともに鉄道などのビジネスサイクルの長い事業が入っている関係もあり、製造業で一般的な4〜5%程度よりもやや低く、またパナソニックよりも低くなっている。

　なお、売上高に対する販売費および一般管理費の比率は、日立製作所が19.6%であるのに対してパナソニックは25.1%となっており、日立のほうが約5.5ポイント低くなっている。この違いの一部は研究開発費が2.4ポイント少な

いことにあるが、これを除いても約3.1ポイント低くなっている。事業構成の違いによる影響もあると考えられるものの、日立製作所が事業の見直しの中で販売費および一般管理費をより抑えられる体質になった結果と見ることもできそうだ。

　金融損益、受取利息や支払利息は比較的少額のため、税金が約30％差し引かれ、さらに非支配株主に分配される当期純利益1,068億円（パナソニックは231億円）が差し引かれて、当期純利益率は2.5％（パナソニックは2.0％）とこの段階ではパナソニックとの差が小さくなっている。

　なお、ここで、比較的大きくなっている非支配株主に分配される当期純利益は、日立製作所が株式を100％保有していない子会社の非支配株主、つまり子会社に対する外部株主に対して、彼らの持株比率分だけ計算上分配される子会社の当期純利益のことである。これが日立製作所で多くなっている理由は、グループ内の大きな子会社である日立化成、日立建機、日立金属などに対する日立製作所の持株比率が50％強程度となっており、それらの子会社の純利益の一部が外部株主のものとして、連結ベースの親会社株主に分配される当期純利益から除かれるためである。この点については、パナソニックは、住宅建設を行う子会社であるパナホームに対する持株比率が50％強であることを除き、主要な子会社はほぼ100％子会社となっているため、差し引かれる金額が小さくなっている。

　つまり、日立製作所の場合は、上記のような規模の大きい主要な子会社が100％子会社となれば最終の親会社株主に分配される当期純利益が増加することになるので、今後子会社に対する持ち株比率については検討の余地がある、という見方もできそうだ。

キャッシュフローの目標設定と数字活用のポイントは何か？　203

連結貸借対照表 （百万円）

	金額	%		金額	%
流動資産	5,002,606	51.8	流動負債	3,720,859	38.5
うち金融資産	765,242	7.9	うち仕入債務	1,402,233	14.5
うち売上債権	2,433,149	25.2	うち借入金・社債	660,860	6.8
うち棚卸資産	1,225,907	12.7	非流動負債	1,846,063	19.1
非流動資産	4,661,311	48.2	うち借入金・社債	843,435	8.7
有形固定資産	1,998,411	20.7	負債合計	5,566,922	57.6
無形固定資産	919,201	9.5	資本	4,096,995	42.4
投資その他の資産	1,743,699	18.0	うち利益剰余金	1,793,570	18.6
資産合計	9,663,917	100.0	負債・資本合計	9,663,917	100.0

　連結貸借対照表を見てみると、流動資産の中の金融資産が資産全体の7.9％（パナソニック23.6％）となっているのに対して借入金・社債は全体で15.5％（パナソニック19.2％）と、多くはないが実質的に借り入れがある状況になっている。

　さらに資本（純資産）が42.4％（パナソニック29.4％）と、一般事業会社で一般的な30〜40％と比較して高くなっており、財務的な安全性は比較的高い水準にあるといえる。なお、この点についてパナソニックは、金融資産が借入金・社債を上回っている実質無借金の状況にあり、金融資産と借入金・社債の双方が多くなっているため純資産比率は低めとなっているが、連結貸借対照表から見た実質的な安全度は日立製作所よりも高いといえる。

　また、日立製作所の資産を見ると、前述のように金融資産は大きくはないが、売上債権が25.2％、棚卸資産が12.7％と比較的大きいため、流動資産が51.8％（パナソニック53.6％）と半分を超えている。一方で、有形固定資産は20.7％（パナソニック22.1％）とやや小さめとなっている。これは、必ずしも大きな設備でのものづくりを前提としない情報・通信システムやオートモーティブシステムなどの事業が一定割合含まれていることに関係していそうだ。なお、この流動資産が大きく有形固定資産が小さめという傾向は、パナソニックも同様である。

　また無形固定資産は9.5％（パナソニックは11.1％）あり、グループ再編の中での医療機器事業を展開する日立メディコの完全子会社化（2014年3月）など、一定のM&Aを行ってきたことが表れている。またパナソニックも過去の三

洋電機の子会社化などのM&Aの痕跡が残っている。

運転資本の回転期間 （日）

売上債権回転期間	97
棚卸資産回転期間	66
仕入債務回転期間	75

　運転資本を見てみると、B to Bの事業が中心で鉄道など製造に期間もかかるサイクルの長い事業がある程度含まれているため、売上債権や棚卸資産が比較的多くなっており、また仕入債務も14.5%とそれなりの金額となっている。実際にこれらの回転期間を見ると、97日、66日、75日と全体としてはやや長めになっている。一方でパナソニックのこれらの回転期間は、42日、57日、68日といずれも日立製作所より短くなっており、扱っている製品の違いもあるものの、日立製作所は少し運転資本を圧縮する余地があるといえそうだ。

連結キャッシュフロー計算書 （百万円）

営業活動からのキャッシュフロー	629,582	100%
投資活動からのキャッシュフロー	-337,955	-54%
うち有形固定資産の取得	-316,116	
うち無形資産の取得	-101,034	
うち子会社株式の取得	0	
フリーキャッシュフロー	291,627	
財務活動からのキャッシュフロー	-209,536	-33%
うち配当金の支払い	-94,443	
うち自社株買い	-153	
合計	82,091	

　連結キャッシュフロー計算書を見ると、営業活動からのキャッシュフロー6,296億円の約半分3,380億円を投資活動に使っている。その中心は設備投資3,161億円である。営業活動と投資活動を合計したフリーキャッシュフローはかなりのプラスを確保している。

　一方で、財務活動では、配当と借りた資金の返済を中心に営業活動のキャッシュフローの30%程度を使っている。全体として見ると、安定ステージにある企業の典型的なパターンになっている。

キャッシュフローの目標設定と数字活用のポイントは何か？　205

なお、IFRSを導入して以降の売上高の3年間の年平均成長率であるCAGRは-1.8％とマイナスになっている。これは、グループ事業の見直しの中で、物流事業を行っていた日立物流（2016年5月売却）、金融事業を行っていた日立キャピタル（2016年10月売却）の株式を一部売却したことなどで、いくつかの子会社が、売上高や資産などが含まれない持分法適用会社へと変化したことなどが影響している。ただ、これはグループ事業の見直しの結果として前向きにとらえることもでき、また今後はプラスのCAGRを期待できそうだ。

　なお、パナソニックの売上高成長率も、2016年3月期から3.7％減少しており、それ以前の米国会計基準で作成された財務諸表ベースでの売上高の4年間のCAGRも-0.9％となっており、やはり事業の見直しなどの中でマイナス成長となっている。

セグメント情報

(百万円)

	売上収益	セグメント損益	セグメント損益率	総資産	ROA（%）
情報・通信システム	1,982,821	76,458	3.9%	1,672,386	4.6
社会・産業システム	2,331,931	-19,993	-0.9%	3,205,656	-0.6
電子装置・システム	1,170,375	66,772	5.7%	967,731	6.9
建設機械	753,947	22,735	3.0%	1,036,800	2.2
高機能材料	1,464,687	123,342	8.4%	1,666,879	7.4
オートモティブシステム	992,284	65,830	6.6%	743,095	8.9
生活・エコシステム	557,315	31,840	5.7%	326,373	9.8
その他	653,794	20,630	3.2%	1,552,003	1.3
金融サービス	179,212	22,841	12.7%	—	—
全社消去	-924,102	64,727	-7.0%	-1,507,006	-4.3
合計	9,162,264	475,182	5.2%	9,663,917	4.9

	売上収益	%	有形固定資産・無形資産・投資不動産	%
日本	4,757,685	51.9	1,627,391	55.6
アジア	1,860,716	20.3	365,774	12.5
北米	1,144,029	12.5	445,119	15.2
欧州	972,661	10.6	360,991	12.3
その他	427,173	4.7	127,551	4.4
合計	9,162,264	100.0	2,926,826	100.0

日立製作所のセグメント情報を見てみると、その他を含めた9つのセグメントごとの売上高はかなり分散しており、各セグメントの利益率には違いはあるものの社会・産業システムを除きプラスを確保している。これは、日立製作所がいくつもの事業の柱を持っていることを表している。

　また海外の売上高比率も48.1%と、アジア、北米、欧州などグローバル展開もある程度進んでいる。また、地域別の有形固定資産・無形資産・投資不動産の比率を見ると、売上高の地域別比率と概ね同じであり、設備などのグローバル展開もある程度進んでいることが表れている。

　また、この点については、パナソニックは家電やオーディオ製品などが含まれるアプライアンス、自動車関連部品などが含まれるオートモーティブ＆インダストリアルシステムズの規模が比較的大きく、各セグメントともある程度の利益を確保している。また、海外売上高は、中国を中心としたアジア、米国を中心とした米州、欧州などをベースに、50.2%と約半分を占めている。

　このように、2社ともいくつかの事業の柱があり海外売上高比率が50%程度といった点を中心に、比較的類似している。

　日立製作所とパナソニックのROEを比較してみよう。

　ROE　=　売上高当期純利益率　×　総資産回転率　×　財務レバレッジ

日立製作所（2017年3月期）
　7.8%　=　　　　2.5%　　　×　　　95%　　×　　　326%

パナソニック（2017年3月期）
　9.5%　=　　　　2.0%　　　×　　　123%　　×　　　381%

　ROEは2社とも日本の上場企業の平均的なレベルである8〜9%程度となっている。ただ、売上高当期純利益率は2社ともやや低く、事業の特徴はあるものの、営業利益率をはじめとした収益性をもう一段高めることが望ましいといえそうだ。

キャッシュフローの目標設定と数字活用のポイントは何か？　　207

総資産回転率は、2社とも製造業で一般的な100％前後と大きな違いはないが、日立が低くなっている。これは、主力事業の事業構造の関係で、売上債権や棚卸資産の回転期間が長く金額も大きくなっていること、また、日立物流や日立キャピタル、また発電事業を行う三菱日立パワーシステムズなどの規模の大きなグループ会社が、持株比率20～50％という緩やかな関係のグループ会社を意味する持分法適用会社となっているため、それらに対する投資が大きくなっており、一方でそれらの売上高が連結損益計算書に含まれていないことなどが影響している。したがって、必ずしも売上高と資産との間の投資効率の優劣が表れているということではなさそうだ。

　財務レバレッジは、2社とも一般的な水準である300％前後を若干上回っている。ただ、日立製作所の借入金・社債などを現金および現金同等物と相殺した実質的な借入金・社債はかなり小さく、またパナソニックは実質無借金の状況にあり、実態としての安全度はかなり高い状況にあるといえる。

参考文献

- ・西山茂（2006）『企業分析シナリオ第2版』東洋経済新報社.
- ・西山茂（2008）『入門ビジネス・ファイナンス』東洋経済新報社.
- ・㈱日立製作所　2018中期経営計画の概要
  （http://www.hitachi.co.jp/New/cnews/month/2016/05/f_0518.pdf）
- ・㈱日立製作所　2015年中期経営計画の概要
  （http://www.hitachi.co.jp/New/cnews/month/2013/05/f_0516.pdf）
- ・㈱日立製作所　2012中期経営計画の概要
  （http://www.hitachi.co.jp/New/cnews/month/2010/05/f_0531.pdf）
- ・有価証券報告書（㈱日立製作所、パナソニック㈱）
- ・㈱日立製作所ホームページ（http://www.hitachi.co.jp/）
- ・パナソニック㈱ホームページ（https://www.panasonic.com/jp/home.html）

第9章

9

M&A
と
シナジー

第**9**章 **M&A** と **シナジー** についての問い

どうしたら「1+1=2+α」にできるか?

「事業の間のシナジーを考えろ」「(M&Aで)シナジーを出せそうな企業を探せ」「シナジーをもっと生み出せ」など、シナジーを重視したり、それに期待するコメントを聞くことが多い。特にM&Aに関しては、多くの経営者がM&Aはシナジーがあることを条件に実行する、といった発言をしている。

確かに、シナジーは、企業の事業展開の中で、またM&Aの中で重要なポイントの1つだ。ただ、「シナジーと聞くと、そのときはなんとなく魔法にかけられたように、良い結果が出てくるような感じがするが、あとから、本当に実現するのか、実際に実現しているのか、疑問に思うことも多い」という話を聞くこともある。このシナジーを、M&Aの場合も含めて実現するためにはどうしたらよいのだろうか。また、シナジーについての注意点はないのだろうか。

セブン&アイ・ホールディングスの事業展開とシナジー

　日本の小売業界で、最大の時価総額（約4兆円、2017年10月末時点）を誇るセブン&アイ・ホールディングス。同社の歴史をみてみると、M&Aや事業提携による事業展開がかなり行われている。大きなものを挙げてみよう。

1973年11月　デニーズジャパン設立
　米国デニーズ社とライセンス契約し事業開始。1984年に日本での商標権を購入して関係を解消。

1973年11月　ヨークセブン（後のセブン−イレブン・ジャパン）設立
　米国サウスランド社と提携し、1974年に1号店を開設。1991年3月に米国サウスランド社の発行株式の69.98%を取得。

2006年6月　ミレニアムリテイリングを完全子会社化
　ミレニアムリテイリングの中核は西武百貨店とそごうであり、これによって百貨店事業に進出。

2013年12月　通信販売のニッセンホールディングスと資本業務提携

　このように、多くの事業が外部との提携や買収を出発点としている。実際に、セブン&アイ・ホールディングスの2017年2月期の有価証券報告書に記載されているセグメント情報を見てみると、事業セグメントが、①コンビニエンスストア事業、②スーパーストア事業、③百貨店事業、④フードサービス事業、⑤金融関連事業、⑥通信販売事業の大きく6つに分かれている。

　このうち、1920年に東京都台東区浅草で開業した「羊華堂洋品店」を出発点とするイトーヨーカ堂を中心に拡大してきた、同グループの祖業である②のスーパーストア事業と、外部の金融機関からノウハウなどは導入したものの基本的に自ら立ち上げたセブン銀行を中心とする⑤金融関連事業を除き、他の4つのセグメントは、もともとは外部との提携や買収した企業や事業をもとに立ち上げたものである。

　このうち、セブン−イレブン・ジャパンは同グループの営業利益の約80%を稼ぐ超優良企業となっているが、それ以外の買収が中核になっている事業は、2017年2月時点では必ずしも十分な利益を上げているわけではない。

どうしたら、「1＋1＝2＋α」にできるか？　211

セブン&アイ・ホールディングスのセグメント情報 （百万円）

	営業収益	セグメント利益	セグメント資産	営業収益構成比率（%）	セグメント利益構成比率（%）	ＲＯＡ（%）	営業収益セグメント利益率（%）
コンビニエンスストア	2,550,640	313,195	2,105,931	43.7	85.9	14.9	12.3
スーパーストア	2,025,534	22,903	1,004,561	34.7	6.3	2.3	1.1
百貨店	852,174	3,672	431,589	14.6	1.0	0.9	0.4
フードサービス	82,562	515	26,399	1.4	0.1	2.0	0.6
金融関連	201,932	50,130	1,925,815	3.5	13.8	2.6	24.8
通信販売	139,226	-15,097	56,610	2.4	-4.1	-26.7	-10.8
その他	57,424	4,632	179,884	1.0	1.3	2.6	8.1
消去	-73,805	-15,379	-221,904	-1.3	-4.2	−	−
連結	5,835,689	364,573	5,508,888	100.0	100.0	6.6	6.2

	営業収益	営業利益	有形固定資産	営業収益構成比率（%）	営業利益構成比率（%）	有形固定資産構成比率（%）	営業収益営業利益率（%）
日本	4,032,803	299,251	1,433,687	69.1	82.1	71.4	7.4
北米	1,690,713	65,548	571,775	29.0	18.0	28.5	3.9
その他の地域	113,475	-238	2,366	1.9	-0.1	0.1	-0.2
消去	-1,303	11	0	0.0	0.0	0.0	−
連結	5,835,689	364,573	2,007,829	100.0	100.0	100.0	6.2

　この理由は、各事業を取り巻く経営環境やその変化などもあるため簡単に説明することはできないが、このような事実は、買収によって成果を上げることが必ずしも簡単ではないことを示唆していそうだ。

　また、シナジーという面からすると、セブンイレブンとセブン銀行の間の相乗効果は、店舗の中にATMを設置することで双方の顧客に来店してもらい、「ついでに」の商品購入やサービスの利用によって双方の売上高の増加につながるなど明確であるが、それ以外の事業間のシナジーはなかなか見えにくい印象もある。

　逆に言うと、それぞれの事業間のシナジーを生み出すことができれば、同グループはもっと利益の拡大が期待できる反面、事業間のシナジーがあまり出ないのであれば、一部の事業を切り離していくという選択肢も考えられそうだ。今後のセブン&アイ・ホールディングスの動きに注目したい。

常識66

シナジーとは
「+α」をもたらす相乗効果

▶シナジーとは、一般に複数の企業あるいは事業の間で、いろいろなことを共同で行ったり連携することによって、より大きな成果を生み出すことを意味している。

シナジーとは、直訳すると相乗効果のことである。企業の経営においては、複数の企業あるいは事業の間で、いろいろなことを共同で行ったり連携したりすることによってより大きな成果を生み出すことを意味する。つまり、1＋1＝2＋αとなるとき、この「＋α」のことをシナジーと呼ぶのである。なお、プラスの方向への成果をシナジーと呼ぶのに対して、マイナスの方向への成果をアナジーと呼ぶこともあるようだ。

常識67

M&Aにおけるシナジーの源泉

▶M&Aにおけるシナジーの源泉としては、業務や機能の統合、施設の共有や共同購入などによるコストや資産の削減、流通チャネルの共通化や新製品の発売、規模の拡大による売上高の増加などが中心である。

シナジーが具体的にどこから生み出されるかについては、いろいろな見方がある。ハーバードビジネススクールの教授であったロバート・エクレス氏は、M&Aの場合のシナジーの源泉として、①コスト削減、②売上高の増加、③業

どうしたら、「1＋1＝2＋α」にできるか？　213

務プロセスの改善、④金融工学、⑤節税の5つを挙げている。

①のコスト削減は、重複していることをなくすことや共同での大量購入によって生み出されるものである。このコスト削減は、同じ国で同じ業界の企業を対象にするM&Aを行ったときに特に効果が出やすい傾向がある。

②売上高の増加は、流通チャネルの共有や規模の拡大などによって生み出されるものだ。

③業務プロセスの改善は、ベストプラクティスやコンピタンスを移転させることによって生み出される。これは、買収側企業とターゲット企業の双方から発生する可能性があり、具体的には売上高の増加やコスト削減として表れてくる。

④金融工学は、借り入れを使った金利による節税によって、資本コストが低下することなどによって生み出されるものである。

⑤節税は、取得税や取引税といった一時的な課税をできるだけ避けることによって生み出される。

エクレス氏は、このうち、コスト削減が最も一般的で最も予測しやすいシナジーであり、一方で売上高の増加は、顧客の動きや競合企業の動きといった外部の要因に左右される傾向が強いため予測が難しいと言っている。

また、コンサルティング会社であるベイン&カンパニーにおいて、欧州のプライベートエクイティ投資のリーダーをしていたカリナン氏らは、M&Aの代表的なシナジーとして、①重複している機能の統合、②共通の業務の統合、③施設設備の共有、④新しいチャネルでの既存製品の販売、⑤新しいチャネルでの新製品の販売の5つを挙げている。また、時間的にはこの順で成果が出てくると考えられる、と述べている。

このように、シナジーの中身にはいろいろなものがある。しかし、比較的中心となっているのは、コストや資産の削減や売上高の増加に関係するものである。

図表9-1 シナジーの源泉

エクレス氏が挙げる5つのポイント

1 コスト削減
2 売上高の増加
3 業務プロセスの改善
4 金融工学
5 節税

ベイン＆カンパニーが挙げる5つのポイント

1 重複している機能の統合
2 共通業務の統合
3 施設設備の共有
4 新しいチャネルでの既存製品の販売
5 新しいチャネルでの新製品の販売

どうしたら、「1＋1＝2＋α」にできるか？　215

常識 68
M&Aの中でのシナジーの実現可能性

> ▶ シナジーの実現可能性については、既存のものを削っていく方向の、資産やコストの圧縮に関係するシナジーのほうが高く、また早く成果が得られる傾向がある。一方で既存のものに加えていく方向の、売上高の増加に関係するシナジーの実現可能性は一般に低く、また時間がかかる傾向がある。

　シナジーの実現可能性は一般にどの程度なのであろうか。先ほどのエクレス氏、カリナン氏の意見をもとにすると、業務や機能の統合や施設の共有といった既にあるものの効率化や、購買の共通化を通じた原材料や部品の大量購入などによるコストや資産の削減に関係するシナジーは、実現可能性が高いと考えられる。一方で、流通チャネルの共有や新製品の発売、規模の拡大といった売上高の増加に関係するシナジーは、顧客の反応や競合の動きなどによって左右される面もあり、なかなか想定通りの結果を出すのが難しいようだ。

　つまり、コスト削減や資産の圧縮といった「削る方向のシナジー」は成果が出やすく、またその結果も早めに出る傾向がある。一方で、売上高の増加といった「加える方向のシナジー」は成果が出にくく、しかも結果を出すのに時間がかかる、という傾向がありそうだ。

　ただ、コストや資産の削減も、それを実際に実現するためには、日本国内での事業を中心に人員の削減がネックとなるという話もよく聞く。その意味では、早期退職制度など人員削減のための施策や配置転換といった人材の有効活用の仕組みを並行して考えることが重要になる。

　なお、数多くのM&Aを実行して成長してきた日本電産は、基本的に買収した企業の社員の解雇は行っていない。逆に、人材のやる気を高めることで生産性を上げそれによって業績を高めている。このように、人員削減ではなく人材の

216　第9章 M&A と シナジー

モチベーションを高めることで成果を出していくことも1つの方向性であろう。

常識69
グローバルなM&Aでは
シナジー実現のハードルが高い

▶M&Aの場合、国内でのシナジーに比べてグローバルでのシナジーは実現させることが難しい傾向がある。

　海外企業の買収の場合は、シナジーを生み出すことのハードルはさらに上がるようである。M&Aの実務に長く従事してきた経験を持つ松本茂氏は、その著作の中で、日本企業が実施した海外買収案件の中で、1985年から2001年までに実行された100億円以上の116件のM&A案件について、いくつかの基準でその成否について評価し、海外企業の買収の成功確率は低いと結論付けている。

　またその中で、M&Aはある事業分野で強い企業を対象にし、その地域で10年間程度の長い期間で利益を持続的に成長させることを重視し、地域を超えたグローバルなシナジーにはあまり期待すべきではないと指摘している。

　やはり、国や地域が違うと距離が離れていることも多く、文化、制度などの違いもあるため、シナジーを生み出すことのハードルが上がるということであろうか。

図表9-2 シナジー効果の出しやすさ、早さ

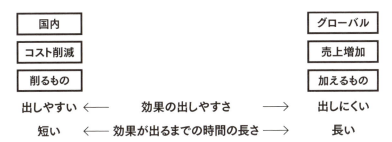

どうしたら、「1＋1＝2＋α」にできるか？　217

常識70

買収金額を評価するための
3つの方法

▶買収金額の評価方法としては、企業を清算することを前提にした①時価純資産法、類似した企業の株価の相場をベースにした②類似会社比較法、将来の事業からのフリーキャッシュフローの現在価値をベースにした③DCF法の3つが代表的なものである。そのうち、実務では②と③がよく使われている。

　一般に、M&Aの場合、買収される企業の評価方法には、代表的なものが3つある。

　1つ目は、買収時点ですべての資産を売却して、「払うべき負債を全部支払って、どのくらいの価値が残るか」というように考えて会社を清算したと仮定した価値で評価する方法である。この方法は一般に時価純資産法と呼ばれている。

　2つ目は、同業界の類似した上場公開企業の利益と株価、キャッシュフローと株価などの倍率をもとに、同業界の企業同士であれば同じくらいの倍率になるはずだ、と考えて評価する方法である。これは、ある意味で同業他社の株価の相場をベースに評価する方法であり、類似会社比較法と呼ばれている。

　3つ目が、将来その企業が稼いでいくフリーキャッシュフローの予測をベースに、それを現在の価値に割り引いて、その合計金額で評価する方法である。これは、将来企業が生み出すと予測される（フリー）キャッシュフロー（Cash Flow）を、今の価値に置き直して（割り引いて：Discounted）評価する方法ということで、Discounted Cash Flow法、またその頭文字を取ってDCF法と呼ばれている（常識54参照）。

　このうち、清算することを前提に企業を買収することはあまりないので、時価純資産法は実務ではあまり使われていない。ただ、鉄道事業を行う企業やビルの賃貸などを行っている不動産業界の企業など、不動産や設備などを大量

218　第**9**章　**M&A** と **シナジー**

に保有している企業を評価する場合は、いま所有しているものをすべて売却して会社を清算したらどの程度の価値があるのかということも1つの評価になるので、この方法が使われることもある。

一方で、実務でよく使われているのが、2つ目の類似会社比較法と3つ目のDCF法である。

このうち類似会社比較法は、同業他社の株価の相場をベースに評価するような方法であり、評価する企業を直接評価する方法ではない。一方で、DCF法はその企業自身が生み出すと考えられる将来のキャッシュフローの予測をベースにしているという意味で、その企業自身を直接評価する方法である。そのため、理論上は、評価する企業そのものを直接評価していくDCF法がより望ましい方法と考えられている。

ただ、DCF法の場合は、将来のキャッシュフローの予測をベースにしており、将来予測は前提をどう考えるかなどなかなか難しいので、必ずしも正しい評価ができるとは限らない。したがって、類似会社比較法での評価も並行して行い、2つの評価結果の範囲の中で交渉しながら実際の買収金額を決めていく、といった方法を採用する場合が多い。

なお、上場公開企業の場合は、日々証券市場で評価された結果である実際の株価があるので、それを評価のベースとすることが一般的である。

図表9-3 DCF法による企業価値と株主価値の関係

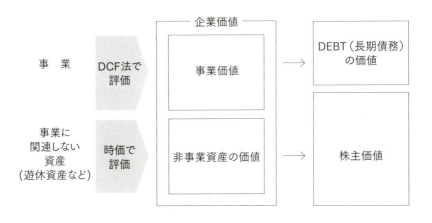

どうしたら、「1＋1＝2＋α」にできるか？　219

常識71

M&Aのシナジーを評価する方法

▶ シナジーは、DCF法をもとに評価することが一般的であり、その評価額は買収する企業によっても違う可能性がある。また、評価はシナジーの源泉ごとに区分して行うことが望ましい。まずはコスト削減や資産の圧縮といった実現可能性が高いシナジー、次に売上高の増加といった一般に実現可能性が低いシナジー、といった順で評価していくのである。また、一般に実現可能性が低い売上高の増加に関係するシナジーには、あまり期待しないほうが堅実である。

　M&Aの場合のシナジーはどう評価するのであろうか。これは、前述のDCF法をもとに計算することが一般的である。具体的には、まず、買収される企業が、シナジーがまったくない前提で、その企業だけで将来どの程度のフリーキャッシュフローを生み出すことができるかを予測していく。次にシナジーが生み出せた場合のフリーキャッシュフローを予測していく。そのシナジーがない場合と、シナジーが生み出せた場合のフリーキャッシュフローの差額を、一定の割引率によって現在の価値に置き直したものの合計をシナジーの価値と考えるのである。

　ということは、M&Aの場合、シナジー効果の大きさは買う側の企業によって変わってくる可能性がある。なぜなら、事業の重なり具合などによって、期待できるシナジーの大きさやその実現可能性に違いが出てくる可能性があるからである。

　その結果、1つの企業の価値が買収する側の企業ごとに違ってくる可能性が出てくる。つまり、一物多価となる可能性が出てくるのである。要は、シナジーが期待できればできるほど、またその可能性が高ければ高いほど、理論上は買収金額を高くすることができるのだ。

220　第9章 M&Aとシナジー

なお、前述のように、シナジーはその実現可能性が100%とは言えない面があり、またその中身についても、比較的実現可能性が高いといわれるコスト削減などの「削る方向のシナジー」と、実現させることがなかなか難しいといわれる売上高の増加などの「加える方向のシナジー」とで、その効果が出る可能性にも違いがある。

　したがって、シナジーの評価は、企業そのものの評価とは区分して行うとともに、コスト削減や売上高の増加といった内容ごとに、さらにコスト削減も、可能であれば、業務の集約化や拠点の集約化、大量購入による調達コスト削減など、その要因ごとに区分して評価することが望ましい。

　また、実現させるのが難しい売上高の増加のシナジーについては、やや慎重に考えることも重要である。なお、この点について、一部の企業では売上高の増加のシナジーについてはその実現可能性が低い傾向があるので、「基本的に評価の対象としない」という方針を設定しているという。

　シナジーは、買収あるいは新規事業を行う場合、高い投資金額を何となく納得させる甘いささやきのような面もある。その意味では、シナジーには基本的には期待せずに、その企業、あるいは事業そのものの価値をベースに評価することを考え、さらにシナジーを考える場合も、コストの削減といった実現可能性の高いものに限定して評価することが望ましい。加える方向のシナジーについては、実現したら儲けものといった程度に考えておくほうが堅実といえそうだ。

どうしたら、「1＋1＝2＋α」にできるか？　221

セブン＆アイ・ホールディングスの財務諸表分析（2017年2月期）（イオンと比較しながら）

連結損益計算書

（百万円）

	金額	%
営業収益（①＋②）	5,835,689	100.0
売上高（①）	4,646,370	79.6
売上原価	3,602,038	61.7
売上総利益	1,044,331	17.9
営業収入（②）	1,189,318	20.4
営業総利益	2,233,650	38.3
販売費および一般管理費	1,869,077	32.0
うち宣伝装飾費	160,355	2.7
うち人件費	548,083	9.4
うち店舗＆設備関係費用	735,691	12.6
営業利益	364,573	6.2
営業外収益	12,797	0.2
営業外費用	12,964	0.2
経常利益	364,405	6.2
特別利益	4,411	0.1
特別損失	151,248	2.6
税金等調整前当期純利益	217,569	3.7
法人税等	120,818	2.1
当期純利益	96,750	1.7

　セブン＆アイ・ホールディングスの連結損益計算書を見ると、営業収益は連結ベースで5兆8,357億円（イオン8兆2,101億円）と非常に大きくなっている。この中には、日米のセブンイレブンのフランチャイズ加盟店に関する売上高がロイヤリティベースの9,600億円で集計されているが、日米の加盟店の実際の売上高である5兆7,458億円をベースにグループ全体の売上高を考えると10兆円を上回る規模になる。これは、日本の小売業で最大の規模を誇るイオングループの営業収益を上回っている。

　営業収益営業総利益率は38.3％（イオンは35.8％）と、前述のセブンイレブン加盟店からのロイヤリティ収入9,600億円が営業収入に含まれ、この利益率が高いため、全体的にかなり高くなっている。また、この点については、イ

222　第9章 M&Aとシナジー

オンも金融事業などの収益が含まれるため、高めになっている。ただ、物販に絞り込んだ売上高総利益率は22.5％（イオンは27.7％）と、一般的な小売業の水準となっている。物販の総利益率がイオンに比較して低めなのは、イオンはグループ内に専門店を抱えていたり、さらに相対的に原価率の低い商品の売上高構成比率が高いことなどが理由と考えられる。

売上高営業利益率は6.2％（イオン2.3％）と、前述のロイヤリティの貢献もあり比較的高く、イオンを上回っている。このように、営業利益率の段階でセブン＆アイがイオンよりも高くなっているのは、セブンイレブンのロイヤリティの貢献と同時に、販売費および一般管理費がよりコントロールされている結果とも考えられる。

販売費および一般管理費の内訳を見ると、宣伝装飾費には2.7％（イオンの広告宣伝費は2.4％）と一定の金額を投入している。ただ、エブリデイ・ロープライスを標榜し、広告宣伝費を使わない傾向の企業では一般に1％弱となっていることを考えると、2社ともある程度の広告宣伝費は使っている。

一方で、リアル店舗で販売する小売業が主体となっているため、人件費は9.4％（イオンは14.0％）、店舗＆設備関係費用は12.6％（11.4％）と、人と設備には一定のコストをかけている。しかし人件費は、イオンと比較してかなり抑えられており、人件費から見た人の面での生産性はセブン＆アイが高く、これが営業利益率の高さの一因となっている。

営業外損益はあまり大きくはないが、減損損失、のれんの一括償却、事業構造改革費用などの特別損失がやや大きいため、営業利益率に比較して当期純利益率はやや低めの1.7％となっている。日本国内の人口減少やEC（eコマース：インターネットを使った販売）へのシフトの中で、一部の店舗や事業が苦戦し、またそれに対する対応策を実行していることが表れている。

どうしたら、「1＋1＝2＋α」にできるか？ 223

連結貸借対照表 （百万円）

	金額	%		金額	%
流動資産	2,274,403	41.3	流動負債	1,947,618	35.4
うち金融資産	1,222,101	22.2	うち仕入債務	415,348	7.5
うち売上債権	347,838	6.3	うち借入金・社債	264,677	4.8
うち棚卸資産	192,462	3.5	うち金融業負債	604,887	11.0
うち金融業資産	189,762	3.4	固定負債	1,085,463	19.7
固定資産	3,234,485	58.7	うち借入金・社債	783,810	14.2
有形固定資産	2,007,829	36.4	負債合計	3,033,082	55.1
無形固定資産	495,935	9.0	純資産	2,475,806	44.9
投資その他の資産	730,720	13.3	うち利益剰余金	1,793,035	32.5
資産合計	5,508,888	100.0	負債・純資産合計	5,508,888	100.0

　セブン&アイの連結貸借対照表を見てみると、流動資産の中の金融資産が資産全体の22.2％（イオン11.7％）を占めており、借入金・社債の比率である19.0％（イオン25.6％）を上回り、表面上は実質無借金の状況にある。ただ、セブン銀行などの金融事業の関係で、金融業資産が3.4％（イオン20.5％）、預かっている預金などの金融業負債が11.0％（28.6％）ある。これまで含めると、全体としては若干借り入れがある状況となっている。この点については、イオンは表面上も、また金融事業まで含めた全体としても、一定の借り入れがある状況になっている。

　純資産比率は、その比率が低くなりやすい金融事業を含めたうえで44.9％（イオン21.3％）と、一般事業会社で一般的な30〜40％をやや上回る状況になっており、財務的な安全性はかなり高い状況にある。イオンの純資産比率はやや低いが、これは金融業がある程度含まれていることを考えると平均的な水準にあるといえそうだ。

　また、資産の内訳を見ると、現金とカードなどによる販売が中心であるため売上債権は6.3％（イオン13.6％）と少なく、棚卸資産も食品など比較的短期間しか在庫を保有しない事業が含まれているために3.5％（イオン6.7％）と少なくなっている。ただ、前述の金融資産が比較的あるため、流動資産の合計としては41.3％（イオン56.2％）とやや大きめとなっている。

　有形固定資産は36.4％（イオン30.4％）あり、店舗などの建物や陳列棚、

土地などをそれなりに保有していることが表れている。また、無形固定資産も9.0%（イオン3.4%）と、それなりに企業買収を行ってきていることが表れている。さらに投資その他の資産は13.3%（イオン10.0%）あるが、この半分以上が賃借している店舗などの長期差入保証金であり、ここにも店舗関係の資産が含まれている。

　なお、イオンも資産の構成は類似しているが、売上債権や棚卸資産がやや多く、金融事業の貸付金がある関係で流動資産がやや大きく、その分固定資産が小さめになっている。

　なお、イオンが過去から買収をかなり行ってきているものの比較的無形固定資産が小さいのは、無形の価値をあまり評価しない買収金額を抑えた案件が多い結果とも考えられ、ターゲット企業の選択や買収のタイミング、また交渉力など、金額の面での買収の上手さが表れているともいえそうだ。また、イオンの固定負債を見ると、不動産の賃貸事業を行う際にテナントから預かる保証金を意味する長期預り保証金が負債純資産合計の3.0%分あり、ディベロッパー事業をそれなりの規模で行っていることが表れている。

運転資本の回転期間　　　（日）

売上債権回転期間	27
棚卸資産回転期間	20
仕入債務回転期間	42

上記は、物販の売上高と原価をベースに計算している。

　セブン＆アイの運転資本を見てみると、前述のように、売上債権6.3%、棚卸資産3.5%、仕入債務7.5%と売上債権と棚卸資産は少なめであり、また回転期間で見ると27日、20日、42日と、売上債権回転期間と棚卸資産回転期間の合計が仕入債務回転期間とほぼ見合っている。小売業として販売代金の回収や在庫の回転が早い事業がベースとなっているため、資金負担があまりない構造となっている。

　イオンの回転期間は53日、41日、61日といずれもセブン＆アイより長くなっているが、これは、イオンではクレジット事業が金融事業の1つの柱となる中でクレジット販売が多くなるために売上債権が多くなっていたり、食品以外の在庫

どうしたら、「1＋1＝2＋α」にできるか？　　225

が多くなる事業の比重が高いことなど、業態の違い、商品構成の違いが表れている。ただ2社を比較してみると、セブン&アイの運転資本の管理レベルの高さが反映されている、とも考えられそうだ。

連結キャッシュフロー計算書 (百万円)

営業活動からのキャッシュフロー	512,523	100.0%
投資活動からのキャッシュフロー	-371,602	-72.5%
うち有形固定資産の取得による支出	-321,089	
うち事業取得による支出	-71,471	
財務活動からのキャッシュフロー	-78,190	-15.3%
うち配当金の支払い	-86,976	
うち自社株買い	-2,276	
合計	62,731	

　セブン&アイの連結キャッシュフロー計算書を見ると、2017年3月期は、営業活動からのキャッシュフローは5,125億円のプラスとなっているが、投資活動は設備投資に関係する有形固定資産の取得による支出と米国やカナダでのセブンイレブン店舗の取得などに関係する事業取得による支出の関係で、営業活動の約70％となる3,716億円を使っている。一方で財務活動は配当を中心に一部自社株買いも含め782億円を使っており、全体としては一般的な安定期のパターンとなっている。

　また、営業収益の5年間の年平均成長率であるCAGRは4.0％と、少子高齢化が進む日本での営業収益が約70％となっている中では一定の成長率を確保している。ただ、イオンは、この5年間に、イオン銀行、ダイエー、ウエルシアホールディングス、マルエツなどの子会社化を行ったこともあり、営業収益ベースで9.5％のCAGRを達成している。

　前掲したセブン&アイのセグメント情報を見ると、売上高は各セグメントごとにそれなりに確保しているが、営業利益はセブンイレブンを運営するコンビニ事業とセブン銀行を運営する金融関連事業の2つの事業にかなり依存している。それ以外のスーパーストア、百貨店、フードサービスはいずれも営業利益率が低く、通信販売は赤字となっている。今後を考えると、やはりこの4つの事業

の収益性を他の事業とのシナジーも含めて高めていくことが課題といえそうである。

　さらに、利益の柱となっているセブン銀行についても、これまでそのベースとなってきたATM手数料が、現金を使わない傾向が強まる中で今後どうなるのか、またその減少を埋め合わせる新たな収益源をどう確保するのかも課題となりそうだ。

　一方でイオンは、売上高を見るとイオンという名称で展開する総合スーパー、マルエツなどのスーパーマーケット、マックスバリュなどのディスカウントストアの比重が高いが、セグメント利益はクレジットカードや銀行などの金融や不動産事業を展開するディベロッパーを中心に各事業でそれなりに生み出しており、比較的分散されている。

　また、営業収益の海外比率はセブン＆アイが30.9％と、イオンの8.1％をかなり上回っている。ただ、セブン＆アイは買収した米国のセブンイレブンの営業収益が中心となっており、アジアが中心となっているイオンとは進出地域に違いがある。今後の成長を考えると、セブン＆アイはアジア地域での展開をより加速させる余地はありそうだ。

　2社のROEを比較してみよう。

ROE	＝	売上高当期純利益率	×	総資産回転率	×	財務レバレッジ

セブン＆アイ・ホールディングス（2017年2月期）

4.1％	＝	1.7％	×	106％	×	236％

イオン（2017年2月期）

1.0％	＝	0.1％	×	94％	×	773％

　これを見るとわかるように、ROEはセブン＆アイのほうが4.1％と少し高いものの、2社とも低い水準となっている。その理由の1つが、売上高当期純利益率の低さである。セブン＆アイは、前述のように、営業収益営業利益率は6.1％

どうしたら、「1＋1＝2＋α」にできるか？　227

とそれなりの水準であるものの、減損損失や事業構造改革費用などの特別損失が多かったため当期純利益率は低下している。一方で、イオンは営業収益営業利益率が2.3%と低めであったことと、減損損失が多かったことから、売上高当期純利益率が低下している。2社とも一部の店舗や事業の苦戦、またそれに対する対応などで費用が発生している。ただ、特別損失は一時的なものであるため、今後は当期純利益率の向上が期待できそうである。

　総資産回転率は、セブン&アイは106%と、イトーヨーカ堂などの大量に販売するイメージが強い事業が含まれている割にはそれほど高くない。これは、セブンイレブンの事業がフランチャイズ方式をベースにしているため、売上高の中心がロイヤリティになりそれほど金額が大きくならないこと、また手数料や金利といった収益に比較して資産が大きくなるセブン銀行などの金融事業が含まれているためである。また、イオンも94%とさらに低めであるが、これは、セブン&アイと同じく資産が大きくなりやすい金融事業が含まれていると同時に、やはりショッピングモールなどを展開する関係で有形固定資産などが大きくなりやすいディベロッパー事業も含まれていることが影響している。

　財務レバレッジについては、セブン&アイの場合は、前述のように金融事業を含めても実質的な社債・借入金が少なめで安全性がそれなりに高いため、一般事業会社の平均的な水準である300%前後よりもやや低めの236%となっている。一方で、イオンは一定の借り入れを行っており、さらに借り入れが多くなりやすい金融事業やディベロッパー事業が含まれているために高めになっている。

参考文献

- 西山茂（2008）『入門ビジネス・ファイナンス』東洋経済新報社.
- 松本茂（2014）『海外企業買収　失敗の本質　戦略的アプローチ』東洋経済新報社.
- Cullinan, G., J. Le Roux and R. Weddigen(2004), When to Walk Away from a Deal, Harvard Business Review, Vol.82, No.4, pp.96-104.(マクドナルド京子訳「プライベート・エクイティ・ファンドに学ぶデュー・ディリジェンスの真実」『DIAMONDハーバード・ビジネス・レビュー』第30巻第2号, pp.102-114)
- Eccles, R.G., K.L. Lanes and T.C. Wilson(1999), Are You Paying Too Much for that Acquisition ?, Harvard Business Review, Vol.77, No.4, pp.136-146.
- 日本経済新聞（2017年4月25日）
- 日刊工業新聞電子版（2017年1月4日）
- 野村総合研究所　経営用語の基礎知識
  （https://www.nri.com/jp/opinion/m_word/management/synergy_anergy.html）
- 有価証券報告書（㈱セブン＆アイ・ホールディングス、イオン㈱）
- ㈱セブン＆アイ・ホールディングスホームページ（http://www.7andi.com/index.html）
- イオン㈱ホームページ（https://www.aeon.info/）
- ㈱セブン＆アイ・ホールディングス会社概要
  （https://www.7andi.com/company/summary.html）
- セブン-イレブンの歴史
  （http://www.sej.co.jp/company/history/history_04.html）
- セブン＆アイ・フードシステムズ会社情報
  （http://www.7andi-fs.co.jp/7fs/company/history.html#）

どうしたら、「1＋1＝2＋α」にできるか？

第 **10** 章

「お客様は
神様です」
という考え方

第**10**章 「お客様は神様です」という考え方 についての問い

大切にすべき「本当の神様」は誰か？

「お客様は神様です」。これはもともとは「チャンチキおけさ」「東京五輪音頭」「世界の国からこんにちは」などの大ヒット曲で有名な、歌手の三波春夫氏が使った言葉である。この言葉と同じようなひびきを持つ「顧客第一」「顧客のことを最優先に考えて」といった、顧客重視を意味するフレーズが、企業の経営トップのメッセージ、あるいは経営理念の中でもよく使われている。

　確かに、このような言葉は聞き心地が悪くない。そして、これを顧客が評価し、商品・サービスを購入してくれれば、企業の売上高も伸び業績も拡大していく。こう考えると、このような顧客重視の方向に問題はないように考えられるが、大切にすべき本当の顧客は誰なのだろうか。またその本当の顧客にどう対応したらよいのだろうか。

トヨタ自動車に見る顧客重視の位置づけ

　顧客を重視する方向は、売上高を伸ばし業績を拡大するための重要なポイントだ。この顧客重視を、日本を代表する企業であり、日本で最大の時価総額（約24兆4,000億円、2018年1月末）を誇るトヨタ自動車は、どのように位置づけているのであろうか。

　トヨタ自動車は、多くの企業が重視しているCSR（企業の社会的責任）、環境、社会貢献といった活動の1つとして、社会への取り組みという項目を掲げ、社会に対して貢献する7つの方針を明確にしている。その中には、「安全への取り組み」「豊かな社会づくり」「人権の尊重」「ビジネスパートナーとともに」「従業員とともに」「ステークホルダーエンゲージメント」といったテーマが含まれているが、それとともに、「お客様第一、品質第一への取り組み」という方針が含まれている。つまり、トヨタ自動車の場合、顧客重視につながるお客様第一という方針は品質第一と結びつけられており、さらに7つの方針の1つという位置づけになっている。

　一方で、同社が1992年に制定した経営理念（次ページ参照）を見てみると、7つのポイントが挙げられている。その中の4番目に、顧客に関係するポイント、つまり「世界中のお客様のご要望にお応えする魅力あふれる商品・サービスを提供する」という点が挙げられている。このように、理念の中にも顧客を意識する視点が入っているが、これも7つのポイントの1つであり、また4番目に位置づけられている。

　このように、トヨタ自動車は、「お客様第一」という顧客重視の視点を重視しながらも、いくつかの方針の中の1つとして位置づけ、その他の方針とのバランスを考えている。顧客重視をどう位置づけるか、どの程度重視するのかは企業によって異なると考えられるが、トヨタ自動車のように、他の視点とのバランスを考えながら位置づけることも選択肢の1つと考えられそうだ。

大切にすべき「本当の神様」は誰か？

トヨタ自動車の経営理念

1	内外の法およびその精神を遵守し、オープンでフェアな企業活動を通じて、国際社会から信頼される企業市民をめざす
2	各国、各地域の文化・慣習を尊重し、地域に根ざした企業活動を通じて、経済・社会の発展に貢献する
3	クリーンで安全な商品の提供を使命とし、あらゆる企業活動を通じて、住みよい地球と豊かな社会づくりに取り組む
4	様々な分野での最先端技術の研究と開発に努め、世界中のお客様のご要望にお応えする魅力あふれる商品・サービスを提供する
5	労使相互信頼・責任を基本に、個人の創造力とチームワークの強みを最大限に高める企業風土をつくる
6	グローバルで革新的な経営により、社会との調和ある成長をめざす
7	開かれた取引関係を基本に、互いに研究と創造に努め、長期安定的な成長と共存共栄を実現する

〈1992年1月制定、1997年4月改正〉

常識 **72**

「顧客重視」の正しい意味

▶ 顧客を「神様」のように扱うためのコストをカバーして儲けることは簡単ではない。「自社の商品やサービスを評価してくれているか」「利益につながっているか」「将来はどうか」という視点で顧客を絞り込み、長期的な良い関係を構築することも重要である。

　顧客重視の方針は、売上高の拡大を中心に、一般に業績を拡大していくた

めには望ましい方向である。顧客のことを神様のように考えて、その声を聞き対応することで、商品やサービスの質が磨かれ、競争優位性も高まっていく。

　ただ、すべての顧客を第一と考えて同じように対応したほうがいいかどうかについては検討の余地がある。なぜなら、すべての顧客を第一と考えて丁寧に対応することは、企業の規模にもよるが、人の面などを含め大きな負担になるからだ。すべての顧客に対して同じように神様として対応しようとすると、場合によってはコストをいくらかけても足りないといった事態に陥る。

　事業から儲けを上げていくためには、顧客をある程度絞り込み、自社の商品やサービスを評価してくれ、また一定の儲けをもたらしてくれるとともにリピートもしてくれるような顧客をより大事にし、より関係を強化するような方針も重要になる。また、自社にとっての優良顧客を選別し、その顧客を第一に対応していくという方向性も選択肢の1つだ。

　また、優良顧客の中でも、その顧客が購入すると他の顧客が追随するようなオピニオンリーダー的な顧客、またB to Bの事業であれば、競合他社がベンチマークしているような顧客については、特別な顧客第一という視点で対応することも検討の余地がある。

　さらに、優良顧客と長く良い関係を作ることも重要である。一般に、新規顧客を開拓するためのコストは、既存顧客を保持するためのコストよりもかなり高いといわれている。また、日本国内で多くなっている成熟した市場では、一般に新規顧客の開拓のハードルが高くなるため特にその傾向が強いようだ。さらに、既に関係のある優良顧客との関係をさらに強め、自社品の購入比率を高めてもらうことは、既に関係が出来上がっているためコストも抑えられ、儲けはかなり大きくなる可能性も高い。

　このように、既存の優良顧客との関係を強化し継続していくことは重要なポイントの1つといえる。実際に、ラグジュアリーブランドを展開する企業の中には、店舗に来る一般の顧客への対応と、かなりの金額を継続して購入してくれる上得意客への対応を分けている例もある。新製品やある特別な製品については、上得意客に優先的に、あるいは限定的に紹介したり、特別な場所で接客をするなど、関係を強め売上高の向上につなげている。

　なお、顧客第一という方針の中で、かえって悪質なクレーマーのターゲット

になったりその対応を誤ったりしては問題だ。これについては適切に対応するような体制を作っていくことも重要である。

常識73
利益も考えた
顧客の要望への適切な対応

▶ 顧客の要望に応えていく場合は、それが短期的、あるいは中長期的に
利益につながるのかを考えることも必要である。

　顧客第一という視点からは、顧客の要望に適切に応えていくことも重要なポイントの1つである。それによって顧客との関係が強まり、競合企業よりも優位に立てる可能性が高まるからだ。

　例えばB to Bの企業では、顧客企業の要望に沿って、顧客企業の求める仕様や品質、納期に合わせ、またサポート体制を充実させることで、顧客との関係強化を図っている。これによって取引量を増やし、また他社に変更する場合に発生するコスト、つまりスイッチングコストを高め、顧客との強い関係を作り上げようとしているのだ。

　ただ、顧客の要望に応え、カスタマイズを行っていくと、コストが上昇する可能性が出てくる。一方で顧客側も最終完成品の販売価格から逆算して、目標となるコスト水準を設定し、それを実現するために部品や設備はこの程度の金額に抑えたいという希望は持っている。その顧客の希望を意識しながら、自社としても一定の利益が出るように適切な販売価格を設定していくことが必要になる。これはなかなか難しいポイントだが、そのためには、顧客に自社製品の価値を理解してもらうこと、また自社の継続したコスト削減努力が重要になる。

　また、B to Cの企業の場合も、ターゲットとしている顧客の要望に応えていくことが必要になるが、要望に応えるためのコストを低減する努力をするとともに、その価値を知ってもらい、それを価格に反映していくような努力も必要にな

る。また、顧客の要望に応じて商品・製品の種類を増加させてしまうと、どうしても効率が悪くなり、コストアップにつながり、業績が低下する傾向がある。したがって、商品・製品の種類数の増加はかなり慎重に考えるべきである。

ある食品メーカーの中堅幹部が、同社の定番のメインブランド商品に関して、「いざとなればそのメイン製品を増産して、少しプロモーションをして販売すれば、それほど無理せずに売上高、利益は確保できる。やはり定番のメインブランド製品は強い」といっているのを聞いたことがあるが、大量に売れる商品・製品の収益性は、一般的にかなり高くなるようである。

このように、顧客を第一に考え顧客の要望に応える場合でも、一定の利益が確保できるように、コストと価格とをバランスさせる努力が必要である。

常識74

シェア拡大のコスト

> ▶規模拡大を重視する場合には、儲けを効率よく上げるために最適なシェアを意識することも重要になる。一般にシェア50%を超えた段階でのシェアアップはコストが高くつくとされている。

シェアを高めていく場合には、一般に低めの水準からのシェアアップと、既に高めのシェアを取っている中でのシェアアップとでは、同じ1%のシェアアップでも、そのためのコストが違ってくる可能性が高い。つまり、既に高いシェアを取っている企業がさらにそれを高めていこうとすると、一般にその顧客獲得のコストはかなり高くなり、また必ずしも自社と相性が良くない、つまり必ずしも好ましいとは言えない顧客にまで対応するために、さらにコストがかかってしまう可能性がある。

一説には50%前後を超えるような状態からのシェアアップはかなりの負担になるといわれている。その意味では、一定レベルのシェアを獲得している場合

大切にすべき「本当の神様」は誰か？　237

は、相性の良い、自社にとっての優良顧客を第一に考えていくことも選択肢になる。自社の社会における位置づけを考え、すべての顧客に対して、同じように「神様のように」対応することが本当に必要なのか、またどのようなお客様をターゲットにすると持続可能となり、また利益につながるのかを考えていくことが重要だ。

この場合の優良顧客とは、やはり企業に儲けをもたらしてくれるような顧客ということになるだろう。具体的には、顧客ごとの売上高、コストから、顧客ごとの利益を計算し、一定の利益、あるいは利益率を生み出しているか、また将来的に売上高や利益が拡大し、より大きな優良顧客になってもらえそうかといった点がポイントになる。

常識75
優良顧客を選別するための ABCの活用

▶ 多品種少量の事業展開を行っている場合には、正確なコスト集計、コスト削減のために、どの製品のコストであるかがわかりにくい間接費を、コストの発生状況に合わせて丁寧に割り振っていくABCを活用する余地がある。これによって優良製品や優良顧客が見えてくる。

顧客を神様と考えて対応しようとすると、従業員の数、システムや業務の充実、場の確保など、いろいろなコストが必要になることが多い。そのようなコストをかけても、事業として儲けを生み出していくためには、また、そのような仕組みを持続可能なものとするためには、そのコストに見合う価格設定や、そのコストを回収できるような儲けのビジネスモデルをしっかりと考える必要がある。

その際に、コストの中で、どの顧客のためのコストかが明確にわかるコストだけではなく、その関係がわかりにくいコスト、つまり間接コストについても可能な限り丁寧に顧客ごとに割り振って、より正しい採算を計算することが望ましい。

その場合には、どの製品のコストか、またどの顧客のコストか、といった関係がわかりにくい間接費をできるだけ正しく集計していく方法であるABC（Activity Based Costing：活動基準原価計算、常識41参照）などを活用することも有効だ。これによって、本当の優良顧客が明確になってくる。

常識76
深い意味での「顧客第一」で新しい市場をつくり出す

▶顧客の要望に応えるだけではなく、顧客が本当に求めているものを探索し、提供するという視点も必要である。

新製品や新サービスの開発、既存製品やサービスの改善において、顧客を第一に考え、その声を聞くことは重要なポイントの1つである。実際に、顧客の不満、顧客のニーズの中に、新しいものの開発や既存のものの改善に関するいろいろなヒントが隠されていることが多い。

ただ、顧客の要望からでは必ずしもわからない顧客の潜在的な欲求を満たすような新製品・サービスを提供し、新しい市場を生み出すことも大きな業績拡大につながる。そのためには、お客様のことを考え要望に対応するという視点での一般的な顧客第一にとどまらず、顧客が気づいていなくても本当に求めているものを探索し提供するという深い意味での顧客第一という意識が必要になってくる、と考えられる。

このように考えると「お客様第一」というフレーズを「顧客の要望に応える」といったある意味で御用聞き的なものではなく、「顧客のことをよく考える」というもっと深いものとして位置づけた方がいいようにも思う。

なお、三波春夫氏が、「お客様は神様です」という言葉を使った真意は、「あたかも神の前で祈るように、雑念を払って澄み切った心にならなければ完璧な芸を見せることはできない。そのため、お客様を神様とみて歌を唄う」というと

ころにあったようだ。これから考えると、この言葉のビジネスにおける意味も、誠実に一生懸命顧客のことを考え顧客に支持される製品、商品、サービスを提供すること、という深い意味での顧客第一につながるものと考えたほうがいいかもしれない。

常識77
損益計算書には顧客と他の関係者とのバランスが表れる

▶ 損益計算書の構造から、顧客と他の関係者への分配のバランスを取ることの重要性を理解し、適切に対応していくことも重要である。

　顧客を第一に考えることは、確かに重要である。ただ、それ以外の関係者とのバランスも重要になる。ここで、企業の一定期間の業績を集計した資料である損益計算書を改めて見てみよう。

　損益計算書のスタートは、売上高である。これは顧客に販売できた金額であり、顧客から評価され買っていただいた金額である。

　次が売上原価だ。これは製品、商品あるいはサービスそのものの原価のことである。ある意味で、小売業の場合であれば商品を提供した仕入先に対して分配されたもの、またメーカーの場合であれば、原材料を供給したサプライヤーや製造部門の従業員などに対して分配されたものである。

　次に販売費および一般管理費。これは、営業、マーケティング、管理のための費用である。これは、営業やマーケティング、管理を担当する従業員、あるいはその支援をしてくれる広告代理店、専門家などに対する分配である。

　そのあとの営業外損益は、受取利息、受取配当金、支払利息といった主に財務関係の損益である。これは、主に金融機関との取引の結果として彼らに分配されたものを表している。

　特別損益は、臨時の出来事によって出てきた損益である。

240　第10章 「お客様は神様です」という考え方

法人税等は、国や地方公共団体に対する分配である。

最後の当期純利益は株主への配当の原資になるものであり、まさに株主への分配である。

このように見ていくと、損益計算書は、顧客からのその企業に対する評価をベースにした購入金額をスタートとして、それが、①仕入先やサプライヤー、製造部門の従業員、②営業や管理部門の従業員やそれをサポートする外部の企業、③金融機関、④国や地方公共団体、⑤株主といった企業のさまざまな関係者に分配されていく過程、またその構造を表しているものと見ることもできる。

そう考えると、顧客第一という方針の中で、売上高を伸ばし、それが企業の関係者へ分配できる全体としてのパイを拡大することにつながるのであれば、全体としても良いことになる。しかし、顧客第一を考えるあまり、安易に価格を下げるようなことをしてしまうと、その結果、売上高は拡大しても、他の関係者への分配にしわ寄せがいくことになる。こう考えると、顧客第一は、そのための具体的な内容も含めて、他の関係者とのバランスの中で考える必要がある。

図表10-1 損益計算書の構造と企業関係者の関係

売上高 ←————————	顧客からの評価
売上原価 ——————→ 　売上総利益	仕入先、サプライヤー、 製造部門の従業員への配分
販売費および一般管理費 ———→ 　営業利益	営業、管理部門の従業員や それをサポートする外部企業 への分配
営業外収益 営業外費用 ————————→ 　経常利益	金融機関、社債保有者 などへの分配
特別利益 特別損失 　税金等調整前当期純利益 　法人税等 ——————→ 　当期純利益 ——————→	国や地方公共団体への分配 株主への分配

大切にすべき「本当の神様」は誰か？　241

つまり、売上高がスタートであるという意味ではまさに顧客第一は重要であるが、一方でそのあとの分配が適切にできるようにすること、つまりそれが維持できるような売上高の確保、価格の設定が必要になるともいえそうだ。

　さらに、関係者の中でも従業員、特に顧客との接点に立つ営業担当者か購入後のサービスやクレーム処理などを担当する担当者は、顧客第一を強調しすぎると場合によって過度な負担を負う可能性もある。このように、他の関係者とのバランスを考えることも重要である。

トヨタ自動車の財務諸表分析 (2017年3月期) (本田技研工業と比較しながら)

連結損益計算書　　　　　　　　（百万円）

	金額	%
売上高（①）	25,813,496	93.5
金融収益（②）	1,783,697	6.5
売上高合計（①+②）	27,597,193	100.0
売上原価（③）	21,543,035	78.1
金融費用（④）	1,191,301	4.3
売上原価合計（③+④）	22,734,336	82.4
売上総利益	4,862,857	17.6
販売費および一般管理費	2,868,485	10.4
うち広告宣伝費	448,780	1.6
うち研究開発費	1,037,528	3.8
うち営業利益	1,994,372	7.2
その他の収益	228,806	0.8
その他の費用	29,353	0.1
税金等調整前当期純利益	2,193,825	7.9
法人税等	628,900	2.3
持分法投資損益	362,060	1.3
非支配持分帰属損益	-95,876	-0.3
当期純利益	1,831,109	6.6

　トヨタの連結損益計算書を見てみると、売上高は約27兆6,000億円と非常に大きくなっており、本田技研工業（以下、ホンダ）のほぼ2倍の規模となっ

ている。

売上高総利益率は17.6%（ホンダ22.4%）とやや低めであり、また金融事業を除いた自動車を中心としたモノの製造販売の売上高総利益率は16.5%と、さらに低めとなっている。これは、自動車産業が、部品メーカーが1次、2次といった何層かの段階に分かれて部品を作り、それを組み合わせて完成車メーカーに納入するといった構造になっていることに関係している。つまり、すそ野が広く、部品メーカーに利益の一部が分配されるため、完成車メーカーの総利益率がやや低めになっているのだ。

なお、ホンダに比較してトヨタの売上高総利益率が若干低いのは、ホンダの場合は研究開発費を売上原価に含めていないのに対してトヨタは一部を含めていると想定されること、トヨタの方が外注の比重が高いと想定されること、バイクや飛行機なども製造するホンダと住宅建設などが含まれるトヨタといった事業ミックスの違いがあることなどが影響していると考えられる。

売上高営業利益率は7.2%（ホンダ6.0%）と比較的高くなっている。ここで販売費および一般管理費の内訳を見ると、広告宣伝費は売上高比率で1.6%とB to Cの一般消費者向け事業がベースとなっているため一定額を投入している。ただ、売上高規模が大きいため、売上高比率で見るとそれほどでもないが、金額としては約4,500億円を投入している。また、研究開発費についても、売上高比率で3.8％（ホンダ4.9%）、金融事業を除いた売上高比率では4.0％（ホンダ5.3%）を投入している。この水準は自動車業界の一般的な水準である4〜5%程度には入っているものの、やや低めである。しかし、金額としては約1兆400億円（ホンダは約7,000億円）と日本企業の中で突出しており、グループ企業であるデンソー（2017年3月期の研究開発費4,092億円、売上高比率9.0%）などもかなりの研究開発費を投入していることを考えると、グループ全体としてはそれなりの水準になっている。

このように、トヨタ自動車は売上高規模が大きいためいろいろな費用が売上高比率で見ると低く見えるが、金額としてはそれなりに使っており、これは規模の経済が働いていることの表れと見ることもできる。またそれに加えてコストコントロールの強さが表れているともいえそうだ。なお、ホンダは伝統的に研究開発志向が強く、さまざまな技術を自社で生み出し、中核製品である自動車や二

大切にすべき「本当の神様」は誰か？ 243

輪車以外にもホンダジェットやアシモなども開発しているため、研究開発費の比率が高くなっている。

　トヨタは、その他の収益が金融資産からの受取利息や配当金でやや多くなり、また、持分法投資損益が、関連会社であるデンソー、豊田自動織機、アイシン精機、豊田通商、また中国にある持株比率50%の複数の合弁会社などの順調な業績によってかなり大きくなっており、当期純利益率は6.6%（ホンダ4.4%）とかなり高くなっている。この金融収益および持分法投資利益が貢献する傾向はホンダも同様である。

連結貸借対照表

(百万円)

	金額	%		金額	%
流動資産	17,833,695	36.6	流動負債	17,318,965	35.5
うち金融資産	5,859,327	12.0	うち仕入債務	2,566,382	5.3
うち売上債権	2,115,938	4.3	うち借入金・社債	9,244,131	19.0
うち金融債権	6,196,649	12.7			
うち棚卸資産	2,388,617	4.9	固定負債	12,762,268	26.2
固定資産	30,916,491	63.4	うち借入金・社債	9,911,596	20.3
長期金融債権	9,012,222	18.5	負債合計	30,081,233	61.7
投資その他の資産	11,707,160	24.0	純資産	18,668,953	38.3
有形固定資産	10,197,109	20.9	うち利益剰余金	17,601,070	36.1
資産合計	48,750,186	100.0	負債・純資産合計	48,750,186	100.0

　トヨタの連結貸借対照表を見てみると、流動資産の中の金融資産が資産全体の12.0%（ホンダ11.1%）を占めている一方で、借入金・社債の合計の比率は39.3%（ホンダ36.8%）と、2つを相殺してもある程度借り入れを行っている状況にある。

　ただ、資産の中に、金融事業の関係で保有する資産である自動車ローンなどを意味する金融債権と長期金融債権が合計で資産の31.2%（ホンダ28.8%）含まれており、これにリースしている自動車や保有しているレンタカーなどが含まれる有形固定資産の中の賃貸用車両および器具（簿価4兆6,839億円）の9.6%（ホンダ21.7%）を加えると、合計で40.8%（ホンダ50.5%）となる。ここで、金融事業は外部から借りた資金を自動車ローンとして貸し出したり、リース資産を保有して貸し出す事業である。金融事業に関係する資産を

持つために借り入れが行われていると想定して、これを借入金・社債の合計と相殺すると、金融事業を除いた実質的な借入金・社債は－2％程度（ホンダは－13.7％）となる。つまり、実態としては借入金・社債はすべて金融事業に関連するものであり、金融事業以外では実質的に無借金の状況にある。この金融事業を除くと実質無借金という状況はホンダも同じである。

　また、純資産比率も、借り入れが多くなる金融事業を含めた段階で38.3％（ホンダは39.9％）と、一般事業会社で一般的な30～40％の中のやや高めの水準を確保しており、財務的な安全性はホンダとともに高い状況にある。

　トヨタの資産の内訳を見ると、前述のように金融資産や1年以内に回収される自動車ローンなどの金融債権などがある程度あるため、独立系ディーラーへの販売代金などが中心となる売掛金やトヨタ流の厳しい在庫管理によって圧縮されている棚卸資産は少なめとなっているが、流動資産は合計で36.6％（ホンダ34.5％）と一定水準で保有している。この傾向はホンダも同様である。

　一方で、固定資産は、まず決算日から1年を超えて回収予定の自動車ローンなどが含まれる長期金融債権が18.5％（ホンダ18.1％）と比較的多くなっている。投資その他の資産は、有価証券や投資有価証券、また基本的に持株比率が20～50％の範囲に入る、やや関係の薄いグループ会社を意味する関連会社に対する投資を中心に24.0％（ホンダ4.6％）を占めている。この中には、前述のように、トヨタ自動車の関連会社となっているデンソー、豊田自動織機、アイシン精機、豊田通商、中国の複数の合弁会社などへの投資額が含まれている。

　さらに、有形固定資産は20.9％（ホンダもオペレーティング・リース資産を含めると38.6％）と、一般的に製造業に多い30～35％程度と比較するとやや少なめであり、さらに前述のリース車両やレンタカーなどが含まれる賃貸用車両および器具の9.6％を除くと、11.3％（ホンダは16.9％）とかなり小さくなっている。これは金融債権などの金融事業に関係する資産がかなり多く、有形固定資産の比重が薄まっていること、自動車産業は部品の積み上げであり完成車メーカーは規模の割に設備が少ない傾向があること、またビジネスサイクルが比較的長い事業であるため長期間設備を使う傾向が強く、減価償却が進んでいることなどが関係していると考えられる。

大切にすべき「本当の神様」は誰か？　245

なお、トヨタの建物と機械の取得原価に対する減価償却累計額の比率を計算すると、約77%（ホンダは約69%、減価償却の方法はもともと定率法であったが、最近定額法に変更している）と、国内は定率法、海外は定額法というミックスで償却していることを考えると、減価償却がかなり進んでおり、設備を長く大事に活用していることが表れている。なお、この固定資産の構成は基本的にホンダも類似している。

　ただ、ホンダはトヨタと比較するとリースやレンタカーとして保有している有形固定資産が多く、逆に投資有価証券や関連会社に対する投資が少ない傾向となっている。これは、ホンダがリースやレンタカーを活発に行っていること、また逆にトヨタが金融資産を長期保有の投資有価証券で保有する傾向があること、さらに関係の薄いグループ会社への投資が多いことを意味していると考えられる。

運転資本の回転期間 （日）

売上債権回転期間	28
棚卸資産回転期間	38
仕入債務回転期間	41

　また、運転資本を見てみると、売上債権4.3%、棚卸資産4.9%、仕入債務5.3%と全体的には少なめであり、また回転期間でみると28日、38日、41日と、やはり短い傾向が出ている。なお、ホンダの回転期間も20日、46日、40日と全体としては短めであり、これは業界の傾向ということができそうだ。ただ棚卸資産回転期間は、ホンダの46日、日産自動車の49日と比較しても、トヨタは在庫が長めになる傾向の住宅事業が少し含まれているにもかかわらずより短い38日に抑えられている。この傾向は過去から継続しており、ここにトヨタ自動車の在庫管理のレベルの高さが表れているともいえそうだ。

連結キャッシュフロー計算書 （百万円）

営業活動からのキャッシュフロー	3,414,237	100.0%
投資活動からのキャッシュフロー	-2,969,939	-87.0%
うち有形固定資産の取得による支出	-1,223,878	
うち関係会社への追加投資支払（保有現金控除後）	44,274	
うち金融債権の増加（ネット）	-750,750	
うち賃貸資産の増加（ネット）	-1,079,281	
財務活動からのキャッシュフロー	-375,165	-11.0%
うち借入債務の増加（ネット）	1,030,929	
うち配当金の支払い	-702,108	
うち自社株買い	-703,986	
合計	69,133	
自動車等セグメント		
営業活動からのキャッシュフロー	2,564,310	
投資活動からのキャッシュフロー	-1,288,452	
財務活動からのキャッシュフロー	-1,325,684	
金融事業セグメント		
営業活動からのキャッシュフロー	1,028,193	
投資活動からのキャッシュフロー	-1,910,462	
財務活動からのキャッシュフロー	1,001,228	

　キャッシュフロー計算書を見ると、2017年3月期は、営業活動からのキャッシュフローは3兆4,142億円のプラスとなっているが、投資活動は設備投資に関係する有形固定資産の取得による支出1兆2,239億円、自動車ローンなどを意味する金融債権の増加7,507億円、リース車両やレンタカーなどを意味する賃貸資産の増加1兆793億円などによって、合計で2兆9,699億円を使っている。これは、営業活動からのキャッシュフローの約87％となっている。

　なお、投資活動の中に、関係会社への追加投資支払（保有現金控除後）という項目が443億円のプラスで記入されている。これは住宅事業で以前一部の株式を買収し、持分法適用会社であったミサワホームの株式を追加購入して、子会社にしたことによるものである。追加購入代金よりもミサワホームが保有しているキャッシュが多かったため、プラスになったようである。また、トヨタ自動車は、以

前の日野自動車やダイハツの完全子会社化など、あまり目立ってはいないがそれなりに買収は行ってきている。

　財務活動からのキャッシュフローは、借入を約1兆300億円増やしながらも、配当と自社株買いでそれぞれ約7,000億円を使うなど積極的な株主還元を行った結果、財務活動全体としては約3,752億円を使う結果となっており、全体としては一般的な安定期のパターンとなっている。

　なお、前述のように、トヨタ自動車は金融事業をかなりの規模で展開しており、自動車等セグメントと金融事業セグメントを区分してキャッシュフロー計算書を作成している。これを見てみると、自動車等セグメントでは、営業活動で約2兆6,000億円のキャッシュを生み出し、投資活動にはその約半分の1兆3,000億円を設備投資中心に使い、残りの約1兆3,000億円を株主還元中心に使うという典型的な安定パターンとなっている。

　一方で、金融事業については、営業活動で約1兆円稼ぐものの、投資活動に自動車ローンやリース車両、レンタカーの増加を中心に約1兆9,000億円を使い、財務活動では不足分の埋め合わせのために、約1兆円を借入金中心に調達するという、典型的な成長ステージのパターンとなっている。つまり、自動車セグメントでは投資まで含めて事業からかなりのキャッシュを生み出しており、一方で、金融事業は、営業活動で一定の儲けを確保しているもののローンやリース、レンタカーの拡大のために投資が必要なため、借り入れも増やしながら拡大している、といった構図が見えてくる。

　営業売上高の5年間の年平均成長率であるCAGRは、海外での販売比率が約75％ということもあり、8.2％と一定の成長率を確保している。また、この水準は、ホンダの2015年3月期のIFRS導入後3年間のCAGR3.8％、また日産自動車の5年間のCAGR4.5％を上回っており、トヨタ自動車が順調に成長していることがわかる。

セグメント情報

（百万円）

● 事業別

	売上高	営業利益	総資産
自動車	25,081,847	1,692,973	16,156,496
金融	1,823,600	222,428	22,507,613
その他	1,321,052	81,327	2,170,498
消去全社	-629,306	-2,356	7,915,579
連結	27,597,193	1,994,372	48,750,186

	売上高構成比率(%)	営業利益構成比率(%)	総資産構成比率(%)	売上高営業利益率(%)	総資産営業利益率(%)
自動車	90.9	84.9	33.1	6.7	10.5
金融	6.6	11.2	46.2	12.2	1.0
その他	4.8	4.1	4.5	6.2	3.7
消去全社	-2.3	-0.1	16.2	0.4	0.0
連結	100.0	100.0	100.0	7.2	4.1

その他：住宅の製造販売　情報通信事業

● 所在地別（各地域の拠点別の業績）

	売上高			営業利益	総資産
	外部顧客向け	所在地間(内部)	売上高合計		
日本	8,798,903	6,031,965	14,830,868	1,202,245	14,791,969
北米	10,033,419	205,672	10,239,091	311,194	17,365,237
欧州	2,517,601	163,438	2,681,039	-12,244	2,846,469
アジア	4,279,617	540,204	4,819,821	435,179	4,486,021
その他	1,967,653	193,421	2,161,074	58,694	2,819,935
消去全社		-7,134,700	-7,134,700	-696	6,440,555
連結	27,597,193	0	27,597,193	1,994,372	48,750,186

	売上高構成比率(%)	営業利益構成比率(%)	総資産構成比率(%)	売上高営業利益率(%)	総資産営業利益率(%)
日本	53.7	60.3	30.3	8.1	8.1
北米	37.1	15.6	35.6	3.0	1.8
欧州	9.7	-0.6	5.8	-0.5	-0.4
アジア	17.5	21.8	9.2	9.0	9.7
その他	7.8	2.9	5.8	2.7	2.1
消去全社	-25.9	0.0	13.2	0.0	0.0
連結	100.0	100.0	100.0	7.2	4.1

大切にすべき「本当の神様」は誰か？

●海外売上高（各地域の顧客への売上高）

	売上高	％
日本	6,863,541	24.9
北米	10,054,431	36.4
欧州	2,341,364	8.5
アジア	4,414,236	16.0
その他	3,923,621	14.2
合計	27,597,193	100.0

　トヨタのセグメント情報を見ると、事業分野別には、売上高、営業利益ともに自動車事業が約90％を占めている。資産は金融事業が大きいが、これは金融事業がローンやリース、レンタカーなど資産が大きくなる事業であることを意味している。また、営業利益率はそれぞれ一定水準を確保しているが、金融事業の率が高いのは、事業の性質上、ローンでは借りた金利と貸す金利の差がベースとなって利益率が決まってくるため、計算上利益率が高くなることが背景にある。この点について、ホンダは自動車事業の売上高構成比率は約70％、営業利益構成比率は約60％とやや低めとなっている。これは、二輪事業と金融事業の比重がそれなりにあることが理由である。

　各地域の拠点の業績を表す所在地別では、日本の売上高が大きいものの、その40％が所在地間の内部売上高となっており、日本から他の地域に輸出されている金額がそれなりにあり、日本が製造拠点となっている傾向が強いことが表れている。また、地域ごとの売上高営業利益率と総資産利益率を見ると、日本とアジアが高いのに対して北米はかなり低く、欧州は赤字となっている。日本は製造拠点としてそれなりの付加価値を取れている面もあると思うが、北米と欧州の収益力の改善が課題といえそうだ。この点については、ホンダはアジアと北米の収益力が高く、欧州はやはり低めになっている。

　また、どの地域の顧客に販売しているかを表す海外売上高は、海外が合計で約75％とかなり高くなっている。海外の中では北米の36％、アジアの16％が比較的多いが、赤字となっている欧州の8％、その他の14％については、収益も考えながら今後の拡大を検討する余地もありそうだ。なお、この点について、ホンダは海外売上高比率が約85％、なかでも北米の比率が約48％と北

米を中心にかなり海外展開が進んでいる。

　ではトヨタ自動車とホンダのROEを比較してみよう。

ROE　＝　売上高当期純利益率　×　総資産回転率　×　財務レバレッジ

トヨタ自動車（2017年3月期）
10.2%　=　　　　6.6%　　　　×　　　57%　　×　　　271%

ホンダ（2017年3月期）
8.5%　=　　　　4.4%　　　　×　　　74%　　×　　　260%

　これを見ると、ROEはトヨタ自動車がやや高めとなっているが、2社とも日本の上場公開企業の平均的な水準は確保している。

　次に、売上高当期純利益率は6.6%と、ホンダの4.4%に比較して高めになっている。これは、営業利益率が7.2%（ホンダは6.0%）とある程度高めであることと同時に、金融資産の受取利息や配当金、デンソーなどの関連会社の持分法損益などの貢献が加わった結果である。このような本業以外の利益が加わっていく傾向はホンダも同じであるが、トヨタのほうがより高い収益性につながっている。

　総資産回転率は、トヨタ自動車では57%と、メーカーとしてはかなり低い水準である。ただこれは、金利や賃貸料などの収益に比較して資産が大きくなる自動車ローンやリース、レンタカーなどの金融事業が含まれているためである。この傾向およびその理由はホンダも同様である。ただ、トヨタがホンダよりも低くなっているのは、有価証券や投資有価証券の所有金額がより大きいことが影響しているようであり、逆に資産から見た財務の強さを表しているとも言えそうだ。

　財務レバレッジは、2社とも前述のように金融事業を除くと実質的には無借金の状況にあり、金融事業を含めても実質的な社債・借入金がそれほど多くはなく、安全性が高いため、金融事業が含まれても、一般事業会社の平均的な

大切にすべき「本当の神様」は誰か？　251

水準である300％前後よりもやや低めの260～270%程度となっている。金融事業が含まれたうえでの水準としてはかなり低く、2社とも財務的な安全性はかなり高いといえそうだ。

参考文献

・西山茂（2006）『企業分析シナリオ第2版』東洋経済新報社.
・西山茂（2009）『戦略管理会計改訂2版』ダイヤモンド社.
・三波春夫オフィシャルサイト（http://www.minamiharuo.jp/profile/index2.html）
・有価証券報告書（トヨタ自動車㈱、本田技研工業㈱）
・トヨタ自動車㈱ホームページ（http://www.toyota.co.jp/）
・本田技研工業㈱ホームページ（http://www.honda.co.jp/）

おわりに

　最後までお読みいただき、ありがとうございました。ご感想はいかがでしょうか。

　取り上げた10のテーマと77の常識、10社の財務分析をはじめとするいろいろな事例の中で、会計数字と企業活動のつながりがより深く理解できるようになり、今後のビジネスに少しでも参考になる点があったようであれば、著者として嬉しく思います。

　最後になりますが、改めて本書の特徴と本書を作成することになった背景や目的を書かせていただきます。

　本書の特徴は大きくは3つあります。

　1つ目は、ビジネス上重要で経営と会計とのつながりを理解するために有効だと思われる10個のテーマを取り上げ、77個の常識に区分して解説していることです。テーマと常識は、必ずしも会計のすべての分野に関係するものを網羅的に取り上げているわけではありませんが、ビジネスの中で直面しそうな課題、また押さえておいたほうが良い点を中心に取り上げています。その中で、より深く掘り下げてみたいものがありましたら、ぜひ専門書などで深く学んでいただければ幸いです。

　2つ目は、10のテーマに関係するような状況にある日本の優良企業10社を取り上げ、競合企業と比較しながら、財務諸表の分析を行っていることです。財務諸表の分析方法やそのポイント、業界の特徴、また取り上げた企業の特徴や動きなどを数字から確認して、会計数字と経営との関係を理解する参考にしていただければと思います。

　3つ目は、会計の理論に触れながらも、できるだけ実務を意識して、具体的な事例を取り上げながら実践的に解説していることです。会計数字を通して実際の経営を理解し、さらにビジネスパーソンとしてレベルアップしていただくための参考になれば、嬉しく思います。

本書はもともと、ビジネスパーソンに経営と会計のつながりを理解していただくことを目的として、会計に関係するような経営の定石をいくつか取り上げ、その内容や注意点、また死角についてまとめた原稿を、日本経済新聞社の高畠知子さん、重原圭さん経由で日経BP社の長崎隆司さんにお見せしたことがきっかけで出版することになりました。長崎さんとは、全体の構成、取り上げるテーマや常識、またその内容、さらに財務分析で取り上げる企業や事例などについて、何度もディスカッションを行いました。何とか出版までたどり着けたのは、日本経済新聞社の皆様からのご紹介と、長崎さんのいろいろな角度からの丁寧で適切なアドバイス、またご尽力の賜物と本当に感謝しております。

　本書を通して、会計に関心を持ち、戦略やビジネスモデル、また経営を会計数字と関連付けて見ることができるようなビジネスパーソンが1人でも増えることを心より祈念しております。

2018年5月

早稲田大学ビジネススクール
西山 茂

著者紹介

西山 茂（にしやま・しげる）
早稲田大学ビジネススクール教授

早稲田大学政治経済学部卒。ペンシルバニア大学ウォートンスクールMBA修了。監査法人トーマツ、（株）西山アソシエイツにて会計監査・企業買収支援・株式公開支援・企業研修などの業務を担当したのち、2002年から早稲田大学。2006年から現職。学術博士（早稲田大学）。公認会計士。主な著書に、『企業分析シナリオ第2版』『入門ビジネス・ファイナンス』（以上、東洋経済新報社）、『戦略管理会計改訂2版』（ダイヤモンド社）、『出世したけりゃ会計・財務は一緒に学べ』（光文社新書）、『増補改訂版英文会計の基礎知識』（ジャパンタイムズ）、『ビジネスマンの基礎知識としてのMBA入門』（共著、日経BP社）などがある。

ビジネススクールで教えている
会計思考　77の常識

2018年6月18日　第1版第1刷発行

著　者	西山 茂
発行者	村上広樹
発　行	日経BP社
発　売	日経BPマーケティング
	〒105-8308　東京都港区虎ノ門4-3-12
	http://www.nikkeibp.co.jp/books/
装　丁	小口翔平＋上坊菜々子（tobufune）
制作・図版作成	秋本さやか（アーティザンカンパニー）
編　集	長崎隆司
印刷・製本	図書印刷

本書の無断複写・複製（コピー等）は、著作権法上の例外を除き、禁じられています。購入者以外の第三者による電子データ化及び電子書籍化は、私的使用を含め一切認められておりません。
本書籍に関するお問い合わせ、ご連絡は下記に承ります。
http://nkbp.jp/booksQA

©2018 Shigeru Nishiyama
Printed in Japan
ISBN978-4-8222-5565-7